LA

# RELIGIEUSE DE MONZA.

PARIS. — IMPRIMERIE DE COSSON,
RUE ST.-GERMAIN-DES-PRÉS, N. 9.

# LA
# RELIGIEUSE DE MONZA,

ÉPISODE DU XVIIᵉ SIÈCLE

FAISANT SUITE AUX

## FIANCÉS DE MANZONI

ET TRADUIT DE L'ITALIEN,

SUR LA HUITIÈME ÉDITION,

PAR JEAN COHEN.

TOME II.

PARIS,

H. FOURNIER JEUNE, LIBRAIRE,

RUE DE SEINE, N. 14.

1830.

# LA
# RELIGIEUSE
## DE
## MONZA.

## CHAPITRE PREMIER.

### LE MINISTRE PHILOSOPHE.

Une heure après que l'office eut sonné, Egidio fit remettre une carte au sénateur Picchena, qui habitait l'ancien palais de la Seigneurie, pour demander à avoir l'hon-

neur de lui présenter ses respects; il signa :
« Le comte Bianchi, de Mantoue. »

M. le comte reçut sur-le-champ la réponse que le sénateur Picchena le recevrait volontiers.

Egidio avait choisi de préférence ce nom et ce pays, parce que la ville de Mantoue lui était connue dans le plus grand détail, y ayant des relations de famille, et parce qu'il avait de la facilité à en prendre l'accent. La guerre qui désolait le duché de Montferrat, et la présence des troupes françaises dans le Mantouan, jointes au désir de voir la belle Florence, suffisaient pour expliquer un éloignement momentané de sa patrie.

Sachant en outre combien un maintien ferme, un sourire facile, un jugement arrêté éloignaient les soupçons, il se présenta à Picchena, avec cette assurance qui ne l'avait abandonné qu'une seule fois, à Bologne, à l'approche des sbires.

Cet homme célèbre était alors dans un âge très-avancé; mais son corps était vigoureux, son esprit vif, son intelligence nette. Si ses manières étaient parfois brusques, il fallait le pardonner à sa sincérité; et d'ailleurs, dans un si grand ministre, il ne fallait pas beaucoup s'attacher aux dehors.

Heureux s'il avait pu effacer une page de sa vie ! (1)

Ce fut lui, qui par sa prévoyance, par sa sagesse et par sa fermeté, délivra Ferdinand I<sup>er</sup> de la honteuse servitude sous laquelle la Toscane gémissait à l'égard de l'Espagne. Le règne pacifique de Côme II fut presque entièrement dirigé par lui, et après sa mort il était demeuré à la tête de la régence. Pendant les huit années que dura cette régence, il avait perdu de son autorité sans rien perdre du respect qu'on lui portait.

Égidio arriva chez le ministre en habit de gala, et précédé de son estafier; les huis-

_________________

(1) Lorsque très jeune encore il fut envoyé par le grand-duc François, en qualité de secrétaire de légation en France.

siers, accoutumés à juger des gens sur l'habit, lui firent une profonde révérence et l'annoncèrent. Egidio fut sur-le-champ introduit chez le ministre, qui lui fit offrir un siége.

« Les périls imminens qui menacent ma patrie, dit-il avec beaucoup de grâce après les premiers complimens, m'ont engagé à venir passer en Toscane le temps orageux; je vous demande donc, Monsieur, accueil, hospitalité et protection. »

« En Toscane, répondit le ministre, on accorde accueil et hospitalité à tous ceux qui n'en sont point indignes, et ils n'ont pas besoin d'être protégés, parce qu'ils le sont suffisamment par les lois. »

— «Quand je viens honorer l'auteur d'un pareil système de gouvernement, je suis charmé de voir dans la même personne l'homme de lettres et le ministre, et tels tous deux que la renommée, en Italie, ne sait lequel préférer. »

— « Vous voulez peut-être me flatter ? »

— « Non ; mais vous rendre la justice qui

est due pour votre gouvernement doux,
juste et tranquille. »

— « Cela pouvait être vrai sous Côme ;
maintenant les choses vont comme elles
peuvent. »

— « Quand la bonne voie est prise,
quand l'impulsion est donnée, il n'est pas
difficile de régler le mouvement. »

— « Je ne sais si la voie que j'ai choisie
est la bonne ; mais il est certain que les principes de Côme et les miens ont toujours
été pour la monarchie tempérée. La tyran-
nie, à la longue, nuit plus à soi qu'aux
autres. »

— « On ne devait pas attendre moins de
celui qui pendant tant d'années en a tenu
le miroir à la main. »

Le ministre saisit l'adroite louange et reprit :

« Vous avez donc vu mon Tacite ? »

— « Il y a déjà dix ans qu'il a été publié ;
qui pourrait ne pas le connaître ? »

— « Le texte en est correct et me vaut
peut-être quelques éloges. »

— « Ne vous trompez pas, Monsieur, un

homme d'état tel que vous n'arrive pas à la postérité par la valeur des syllabes et par la correction des phrases; mais vous y parviendrez à cause du sens profond renfermé dans la lettre que vous avez adressée à votre maître. »

— « Côme était un excellent prince. On n'oubliera pas de sitôt la douceur de son règne : mais le ciel aurait dû le laisser vivre jusqu'à ce que son fils fût en âge de prendre les rênes du gouvernement. »

— « Quand même l'histoire se tairait, votre lettre serait suffisante pour prouver combien il était bon. Quel est le prince qui permette à son sujet de lui exposer par la voie de l'impression, « la marche » qu'il doit suivre et celle qu'il doit éviter » dans l'administration de l'état? » qui prenne plaisir à s'entendre raconter, « les feintes » et les dissimulations, les artifices et les » fraudes dont les cours des princes sont » entourées? » Quand on écoute volontiers un pareil langage, on donne la preuve que ses antichambres sont pures de pareilles pestes; et le lecteur en trouve en outre une

que le mérite a été récompensé dans le passage où il est question de « la puissance et
»de l'imbécillité des affranchis qui excitent
»la colère contre les princes qu'ils sont
»chargés de soigner. »

« Il me semble, dit Picchena, que ces
maximes sont vraies, et que tout prince
devrait les entendre volontiers. »

— « Auriez-vous osé les écrire à l'aïeul?
pour ne rien dire de l'oncle. »

— « Certainement pas au second; mais
quant au premier je crois qu'on aurait pu
se le permettre. »

— « Souffrez que j'en doute. »

— « N'a-t-il pas été le protecteur de
l'Histoire de Varchi? »

— « Et n'en a-t-il pas ensuite défendu
la publication ? »

— « Bien des raisons y ont concouru.
Sachez que Bernardo Segni, homme d'une
grande franchise, et auteur d'une histoire de
Florence, plus librement écrite encore que
celle de Varchi, y ayant inséré certains
passages à la louange de Côme I<sup>er</sup>, celui-ci
lui renvoya le livre, après y avoir écrit de

sa main ces mots : « Je voudrais que
» tous les éloges que vous m'avez donnés
» fussent vrais; mais je sais qu'il y en a
» une partie qui ne l'est pas, quoique je
» me sente le courage de les rendre tels, si
» Dieu me donne la grâce de les accom-
» plir. »

— « Ce sont là, j'en conviens, de fort
belles paroles, mais les faits... Je suis bien
sûr que l'homme qui a écrit l'épître dédi-
catoire du Tacite n'aurait jamais été le
ministre de Côme Ier. »

— « Je vous assure que vous vous trompez.
Je n'aurais pas pu faire sous son règne le
bien que le chevalier Vinta, dont je suis
l'humble élève, a fait sous celui de Ferdinand Ier, ni celui que j'ai eu peut-être le
bonheur de faire moi-même sous celui de
Côme II son fils; mais je me serais efforcé
de modérer ses passions et d'éloigner son
esprit de la vengeance. Il avait une grande
âme... Je sais ce que vous voudriez observer; mais les temps étaient difficiles, la
forme du gouvernement était nouvelle;
parmi ses ennemis, il y en avait beaucoup

de méprisables et de plus ambitieux que lui. A tout prendre, parmi les princes modernes, c'est celui qui ressemble le plus à Auguste. Quant à l'oncle, dont vous avez parlé, il ne manquait pas non plus de bien des qualités qui font les grands princes ; mais Bianca, les Espagnols et les favoris avaient en même temps avili le maître et opprimé les sujets. »

—« Aurait-il été difficile de s'en délivrer ? »

—« Impossible même, tant que Bianca a vécu, et cela quoique François eût eu la preuve incontestable que la cour d'Espagne entretenait des espions autour de sa personne. »

—« La Toscane a donc payé cher l'honneur de voir ses dames courtisées à la manière espagnole ? »

—« Plus que l'on ne pense. Ce fut un grand bonheur pour elle que le règne de ce prince durât si peu de temps ; son frère, qui avait été cardinal, avait appris à Rome la nécessité de changer de politique ; mais il fut obligé de dissimuler dans le commencement. Heureusement qu'il trouva dans le trésor le moyen de se soutenir au besoin. »

— « Permettez-moi, Monsieur, une observation. Croyez-vous que cet usage de tout obtenir au moyen de l'argent nous soit venu des Espagnols ? Je ne le pense pas ; car cette nation est noble, généreuse, magnanime. Souvenez-vous de la réponse de ce grand, à qui Charles-Quint ordonna de loger chez lui le connétable de Bourbon (1). Il y a beaucoup de gens de ce caractère en Espagne. »

— « Que voulez-vous dire par là ? »

— « Que ce fut plutôt la faute des Flamands qui passaient en Espagne avec Charles. Accoutumés à faire le commerce dans les boutiques de leurs villes, ils portaient leur esprit de trafic jusque dans les affaires de la monarchie. »

---

(1) Il dit à l'empereur qu'il obéirait, mais qu'il ferait ensuite raser sa maison, parce qu'un traître y avait logé.

« — Que ce soient les uns ou les autres, il est certain que Charles-Quint, en augmentant ses états comme les rois macédoniens, eut beaucoup plus de ressemblance avec Philippe qu'avec Alexandre ; il y aurait là-dessus bien des choses à dire, que l'histoire ne rapporte point ; mais revenons à Ferdinand.

» Son alliance avec la maison de France, la conversion de Henri IV et le mariage de la princesse Marie seront regardés par la postérité comme les travaux d'Hercule de la politique.

» Et que l'on ne dise pas que Clément VII lui en avait donné l'exemple ; il y a une distance incommensurable entre le pontife suprême de la chrétienté et le chef d'un petit état. D'ailleurs, vous voyez que je parle franchement ; l'exemple de Catherine ne devait pas faire désirer aux Français une seconde alliance avec une Médicis, et pourtant le génie, la fermeté, je dirais même l'audace de Ferdinand, vinrent à bout de surmonter tant d'obstacles. Moi-même je ne pus en

croire mes yeux quand les lettres arrivèrent
de France.

»Et lors du départ de la jeune Marie,
la grandeur et la magnificence surpassèrent
tout ce que l'on avait vu jusqu'alors, et
égala ce que l'on rapporte du luxe des Romains. Et ce ne fut pas là une vaine pompe :
on aurait grand tort de le penser. Le grand
duc Ferdinand n'avait pas l'esprit assez petit pour se croire en état d'éblouir les Français ; mais il le fit pour encourager les
manufactures , tellement négligées, **que**
l'on avait été obligé de faire fabriquer **à**
Naples la vaisselle qui servit aux noces **de**
Côme 1er, et pour répandre par ce moyen,
dans la nation, de l'argent sans en avoir
l'air. Il voulait se rendre utile à son peuple,
sans que l'on pût croire qu'il désirait en
acheter l'amour à prix d'argent.

»En effet , si les dons offensent , on est
reconnaissant envers celui qui nous pro-
cure les moyens de gagner honnêtement
des sommes considérables. Florence, **Pise,**
Livourne s'enrichirent dans cette occasion,
de trois cent mille ducats; et c'est à comp-

ter de ce moment que date l'amélioration visible de l'état. Ferdinand manqua trop tôt à la Toscane.

» Côme II eut un cœur excellent; mais il n'égala pas son père en génie. Les aventures de la reine Marie et son respect pour la mémoire de son aïeul le faisaient pencher pour l'Espagne; mais quand on put lui donner les preuves évidentes de la trahison de Mondragon et de son épouse sous le règne de son oncle François, il se laissa convaincre, et tout en conservant pour la couronne d'Espagne un dévouement apparent, il se tourna vers l'Autriche et épousa une fille de l'empereur. »

On s'étonnera peut-être de ce que Picchena s'expliquât si librement avec un étranger; mais au fond il ne lui disait rien que ce que savaient déjà tous les hommes d'un certain rang à Florence. Il faut d'ailleurs remarquer que l'abondance de cœur avec laquelle il parlait est commune à presque tous les ministres déchus en faveur, parce qu'ils paraissent de cette façon rendre ceux avec qui ils s'entretiennent juges de l'injustice qu'on leur fait souffrir.

Le ministre allait parler des dangers qui menaçaient plus particulièrement l'état de Mantoue, quand un huissier vint annoncer que le bailli Cioli montait l'escalier.

« Il faut que je vous laisse, dit Picchena en se levant et en sonnant ; vous irez voir, je pense, nos savans, nos artistes, nos poëtes et surtout une dame qui fait l'ornement de Florence. Nous n'avons plus Michel-Ange et le Dante ; mais il nous reste Galilée, qui suffit pour honorer un siècle. »

« Dites plutôt dix, » répondit Egidio, et il saluait pour prendre congé.

« Comptez, reprit le ministre, que vous me ferez plaisir toutes les fois que vous viendrez me voir. »

L'abbé Pandolfini, secrétaire du sénateur Picchena, arriva appelé par la sonnette.

« Abbé, vous conduirez ce cavalier chez le seigneur Galilée. »

Pendant la révérence que faisait le secrétaire, Cioli se présenta. Sous quelle couleur peindrons-nous cet homme qui faisait rougir la fortune?

Le visage toujours riant, et qui ne permettait jamais de lire ce qu'il pensait; la bouche *toujours* ouverte pour répondre un *oui* flatteur à celui qui lui demandait une grâce; les bras toujours étendus pour embrasser, sans changer de physionomie, un rival; les reins toujours souples pour s'incliner profondément devant un ennemi, il était l'image vivante de la dissimulation et de la fausseté.

Il ne fit pas semblant d'observer Egidio; mais deux heures ne s'étaient pas passées que l'auditeur Cavallovecchio avait reçu l'ordre de tenir les yeux sur lui. En attendant, comme en Toscane, depuis le commencement du dix-septième siécle, si l'on en excepte le règne de Côme III et quelques circonstances très-rares et oubliées aujourd'hui, on punit les crimes et jamais les soupçons, Egidio avait peu de chose à craindre, tant qu'on ne découvrait pas la qualité de la femme qu'il avait avec lui. Il fut donc fort satisfait de cette visite, qui lui parut d'un heureux présage pour l'avenir.

Le lendemain matin il crut que l'honnêteté exigeait qu'il allât rendre une visite à l'abbé Pandolfini dans sa belle et riante maison de la via San Gallo.

La conversation commença par des complimens et par des éloges du gouvernement, et surtout de Picchena, dont le sécrétaire ne se lassait pas de vanter la perspicacité et l'instruction, autant que la force et le courage.

« Malgré son grand âge, dit-il, rien ne l'effraie, rien ne l'émeut quand il croit avoir pour lui la raison. »

Il parla ensuite des affaires de Mantoue et engagea Egidio à en espérer un heureux résultat, attendu que le grand-duc son maître en avait parlé, et avait recommandé le duc de Nevers à l'empereur son oncle. Il ajouta néanmoins que ce duc était fort opiniâtre, et que quand on avait affaire aux grands, il fallait être bien d'accord ou baisser la tête.

Il passa après cela au voyage du grand-duc, à l'affection que lui avaient témoignée l'empereur et la famille impériale, aux honneurs qui lui avaient été rendus, aux fêtes qu'on lui avait offertes, et à tous ces détails si importans aux yeux de ceux qui entourent les souverains et dont ils aiment à parler, soit pour passer le temps, soit parfois pour se faire valoir. Cette faiblesse n'est pas la faute de l'homme, mais des hommes; car, certes, personne ne parlerait de ces choses, s'il ne trouvait des oreilles pour l'écouter. Pour le reste, l'abbé Pandolfini était un homme d'un esprit droit, d'un jugement sain et incorruptible. Cette vertu était grande dans ce siècle, et aurait été immense en tout autre pays qu'en Toscane.

Disciple de Galilée, il l'aimait tendrement, et avait contribué à le faire revenir de Rome sans qu'il lui arrivât aucun mal.

« Le seigneur Galilée n'est pas à Florence en ce moment, observa-t-il; mais il reviendra la semaine prochaine, de sorte que le dimanche suivant nous pourrons l'aller voir. J'irai vous prendre. »

— « A l'hôtel de l'Ange, si vous voulez avoir cette bonté. »

— « Je le sais, car l'hôte a fait remettre votre nom. En attendant dimanche prochain, vous pourrez aller voir le seigneur Pietro Tacca. Il reçoit à trois heures avant midi les artistes et les étrangers. C'est un homme savant, et encore plus savant dans son art que bon artiste. Quoiqu'il ne manque pas de talent, il est fort au-dessous de son maître et son maître lui-même qu'était-il auprès de Ghiberti et de Cellini ? Je ne parle point de Michel-Ange. Du reste, le seigneur Pietro raisonne sur les arts comme Vasari, qui est encore un génie extraordinaire, mais que l'on n'estime pas autant qu'il le mérite, parce qu'il a été chansonné par Cellini. D'ailleurs, il y a d'autres raisons encore, inutiles à répéter, qui font que bien des gens ne l'aiment pas. Vous irez sans doute aussi voir le seigneur Jean-Baptiste Strozzi, ami du sénateur Picchena et homme d'un grand mérite, ainsi que la femme sans pareille, le signora Barbara degli Albizzi. »

— « Est-elle l'épouse du seigneur Tommaso ? »

— « Non, sa belle-sœur. »

— « Elle est donc d'une beauté fort remarquable ? »

— « Tout-à-fait ; mais qu'importe ? Ces choses se demandent chez les autres, et je puis vous dire qu'il y a beaucoup de femmes belles et spirituelles à Florence, mais elle les efface toutes. Le Seigneur Tommaso, son beau-frère, a fait un peu parler de lui, il y a plusieurs années, au sujet d'un ouvrage imprimé sous son nom à Lyon ; mais l'affaire a été assoupie. Il se conduit maintenant en bon citoyen ; il ne manque jamais aux pratiques de la religion, et il n'appartient qu'à Dieu de punir les pensées. »

S'étant levé pour prendre congé d'Egidio parce que la cloche de l'office allait sonner, il lui répéta qu'il ferait bien de se rendre chez Tacca, qu'il aurait soin de prévenir de sa visite.

En sortant de la maison du secrétaire, et en suivant la via Larga, il ne put s'empêcher de réfléchir à la bizarrerie de sa position. Il fait une visite de devoir à Picchena ; il touche avec délicatesse la corde de l'amour-propre, en lui parlant de son Tacite... et le ministre l'engage à aller voir les artistes et les poëtes de Florence. Qui aurait pu prévoir cela ? Et maintenant comment s'en dispenser? Personne n'ignore sans doute que les invitations des ministres sont des ordres.

Il aurait pu, à la vérité, gagner un peu de temps et attendre pour voir la tournure que prendraient les choses, et voilà que par une simple visite de politesse rendue à Pandolfini, il se trouvait obligé d'aller le dimanche suivant chez Tacca. Ce n'était pas tout, il y verrait des artistes.

Faire au milieu d'eux l'homme d'un autre monde, le campagnard grossier et sauvage qui arrive pour la première fois à la capitale, c'était une abnégation qui surpassait ses forces. Il se verrait donc dans le cas de parler, de répondre, de raisonner, de se faire connaître en un mot pour ce qu'il valait; ce qui l'exposerait ouvertement à tous les périls qui environnent un homme lorsqu'il a quelque intérêt à cacher aux autres son véritable état.

Enfin il y avait encore l'hôtel degli Albizzi. Il espérait pouvoir se confier à Tommaso ; mais il venait d'apprendre qu'autour de la charmante Barbara il trouverait la fleur des personnes distinguées en tout genre de Florence. Il était, à la vérité, le maître de ne point la fréquenter ; mais la suave mélodie de sa voix avait déjà à son insu introduit dans son cœur le premier, mais le plus aigu, le plus subtil de tous les poisons.

Que fallait-il donc qu'il fît? se cacher ou se montrer? rester ou partir?

En restant il fallait se montrer, car il n'y avait plus aucun moyen de se cacher, et en se montrant il courait le risque d'être découvert d'un instant à l'autre. Le premier seigneur milanais, le premier cavalier mantouan qu'il rencontrerait pourrait révéler ce qu'il avait tant d'intérêt à tenir caché... il valait donc mieux partir; mais où aller?

Il eut un moment l'idée de se rendre à Livourne, de se donner pour un marchand en faillite, et d'en prendre la patente, qui s'appelait une *livornina*. Mais les bras de l'inquisition pouvaient arriver jusque là, et ils ne respectaient point les saufs-conduits civils. D'ailleurs comment prendre ce parti, quand il s'était déjà fait passer pour le comte Bianchi?

Irait-il à Pise, à Sienne, à Arezzo? Mais la curiosité des habitans d'une ville augmente toujours en raison inverse de leur nombre.

Il pouvait se fixer dans un village; mais dans une si profonde retraite comment trouver le moyen de sortir du labyrinthe dans lequel ses passions l'avaient entraîné?

En faisant toutes ces réflexions, il ne songeait point, comme il l'aurait dû faire dès le commencement, que ce n'était pas le lieu où il s'était arrêté, mais la situation dans laquelle il s'était mis qui rendait son cas désespéré.

A ces diverses circonstances il s'en joignit une autre qu'il ne pouvait expliquer,

mais qui n'en était pas moins certaine.
Gertrude, libre à Florence, n'était plus à
ses yeux la même personne qu'il voyait
avec tant de mystère, mais avec tant de
plaisir et de tendresse, quand elle était
renfermée dans le couvent de Monza.

# CHAPITRE II.



La matinée du dimanche était destinée à une visite au seigneur Pietro Tacca. Ayant laissé Anguillotto à Gertrude pour l'accompagner comme écuyer à la messe, Egidio prit avec lui Carafulla et se dirigea vers Pinti où demeurait Tacca.

Après la mort de Giovanni Bologna, de Cristofano Allori et de Cigoli, cet homme remarquable partagea avec Guilio Parigi et

Matteo Rosselli le sceptre des beaux arts à
Florence. Doué d'une âme noble, il unissait
des mœurs pures à la science, et l'accompagnait en outre de prudence et de modération.

Généreux dans toutes les actions de sa
vie, il voulut payer aux héritiers de Giovanni jusqu'aux meubles qu'il lui avait laissés
pour son usage, et cela à cause de la vénération et de la reconnaissance qu'il lui
portait: car il avait coutume de dire que le
plus pervers de tous les hommes était celui
qui se montrait ingrat envers son maître.
Une longue habitude d'enseigner l'avait
accoutumé à un langage sententieux qu'il
ne savait pas abandonner même quand il
ne parlait plus à ses disciples ; et ce qui
ajoutait à l'importance de ses manières,
c'était que depuis que Francavilla était
passé en France et que Piccardi ainsi que
della Bella étaient morts, Pietro se trouvait
à la tête de l'école florentine.

Il était Florentin dans toute la force du
terme, et quoique Bologna fût étranger,
comme il travaillait à Florence et que la

plupart de ses disciples étaient de cette ville,
il avait répandu de tous côtés la renommée
de la sculpture toscane. L'ombre du grand
nom de Michel-Ange semblait planer autour de lui. Ce fut à cette école que les Français s'adressèrent pour avoir la statue de
leur bien-aimé Henri et les Espagnols pour
celles qu'ils voulaient élever à Philippe, auquel ils étaient assez indifférens.

La continuation de la renommée de
cette école n'était que juste ; car, elle four-
nit et la belle statue équestre de Côme I", et
les bas-reliefs de son piédestal, et le groupe
de la Sabine, et ce merveilleux Mercure
qui paraît vraiment se détacher de la terre
pour s'élever dans les airs au souffle de
Borée.

Le Carrarois était déjà fort avancé dans
l'art lorsqu'en 1594 cet artiste mit la main
au fameux Centaure, dernier ouvrage dans
lequel il ait été aidé de Francavilla ; mais
son nom ne commença vraiment à se faire
connaître qu'à l'élévation de la statue équestre de Ferdinand. Quoiqu'elle eût été mo-
delée et fondue par Giovanni, Tacca fut char-

gé non-seulemnt de l'achever, mais encore
de la conduire sur la place de l'Annunziata
et de le poser sur son piédestal. Les Florentins la trouvant inférieure à la réputation du
sculpteur ainsi qu'à leur attente, bien des
gens crurent qu'elle était l'ouvrage du disciple. Mais celui-ci, par le dévouement même
qu'il portait à son maître, disait que si une
pareille chose lui était arrivée, il aurait volontiers démoli son ouvrage pour le recou-
ler à neuf.

Il avait succédé aux honneurs et aux
charges de Giovanni, et habitait ainsi que
lui la grande maison située près des fonde-
ries dans le faubourg de Pinti. Il y avai·
vingt ans qu'il en jouissait quand eurent
lieu les événemens dont nous faisons le
récit.

Egidio y étant arrivé, monta l'escalier et
entra, pendant que l'estafier l'annonçait,
dans une antichambre ornée de plusieurs
dessins, au milieu desquels était suspen-
due, dans un beau cadre d'ébène, la
lettre que la reine Marie de France lui avait
écrite en 1614, monument de la reconnais-

sance d'une souveraine envers un artiste qui la méritait (1).

En face on voyait également encadré le brevet d'une pension de 400 ducats de Philippe III, roi d'Espagne, pension qui ne fut jamais payée. Dans un coin il y avait l'image de Côme II en cire, si naturelle qu'on l'eût crue vivante.

Pendant qu'Egidio regardait ces divers objets en attendant le retour de l'estafier, un jeune homme d'assez belle figure monta l'escalier. Il salua Egidio en le voyant, et ils entrèrent ensemble.

Le seigneur Pietro était assis au milieu de ses disciples et d'autres artistes. Un très-jeune homme était devant eux tenant à la main un papier déployé sur lequel était gravé un banquet. Ce jeune homme pouvait avoir dix-huit ans.

Après les cérémonies d'usage, un siége fut donné à Egidio. La personne qui était

---

(1) C'était pour le cheval sur lequel était posée la statue de Henri IV.

entrée avec lui s'assit à ses côtés et Tacca continua à parler au jeune Stefanino della Bella.

« L'ensemble, lui dit-il, n'est pas d'accord, et on reconnaît par-ci par-là l'inexpérience d'un commençant ; mais ne perdez pas courage, Stefanino ; vous savez combien Francesco votre père m'aimait ; nous étions comme deux frères ; aussi ce que je vous en dis est pour votre bien et par l'espérance que j'ai que vous deviendrez un homme. »

« Seigneur Pietro , répondit le jeune homme, vous avez trop de bontés pour moi. »

— « Partez donc ; conduisez-vous à Rome avec prudence et sagesse. Ne blâmez pas les ouvrages des autres , mais faites en sorte que les vôtres soient loués. Il faut d'abord étudier et juger ensuite. Un jeune homme qui prétend donner des arrêts paraît croire qu'il n'a plus besoin d'étudier. Respectez tout le monde, aimez les grands hommes de votre pays ; mais ne croyez pas pour cela que tout ce qu'il y a de beau au

monde soit enfermé dans Florence. Vous verrez le seigneur Guido, qui a coûtume de passer l'hiver à Rome, le seigneur Zampiero et
le seigneur Albani ; saluez-les de ma part et
dites-leur que, quoique je sois déjà vieux,
je n'ai pas perdu l'espérance d'aller les voir
sur le théâtre de leur gloire et y admirer
leurs superbes ouvrages. Il faut avouer,
continua-t-il en se tournant vers les autres,
que cette école de Bologne est une école
de géants. Adieu, Stéfanino, n'oubliez pas
de m'envoyer votre premier ouvrage. »

Le jeune homme lui baisa la main, en
fit autant à une autre personne qui était
assise auprès de lui, et se retira après
avoir fait un salut général. Quand il fut
parti le seigneur Pietro continua :

« Le prince don Laurent a bien fait
d'assurer six écus par mois à Stefanino
pour l'envoyer étudier à Rome. En vérité, le génie est hériditaire dans cette famille della Bella. Le père de ce jeune
homme, Francesco, était un artiste excellent ; mais il est mort trop jeune. Girolamo
est bon peintre ; Lodovico excellent orfé-

vre ; celui-ci les surpassera encore. Je n'ai pas voulu trop loûer l'o uvrage qu'il m'a montré pour ne pas l'enorgueillir. Les louanges qu'on donne aux jeunes gens doivent être comme la nourriture : modérées et continuelles ; mais réellement, pour son âge, cet ouvrage est merveilleux. »

Se tournant ensuite vers Egidio, il lui parla de Mantoue et cita tous les grands ouvrages de l'art que renfermait cette ville. Pendant cette conversation un domestique présentait du chocolat dans des tasses de porcelaine de la Chine ; car Tacca avait monté sa maison sur un grand ton, depuis les riches présens qu'il avait reçus du duc de Savoie et du roi d'Espagne.

Pendant que le silence régnait, Egidio jetait les yeux autour de la salle où se voyaient un grand nombre de tableaux des plus excellens peintres. On y remarquait surtout un Philippe IV à cheval, par Rubens, petit, mais d'une rare beauté, et un lièvre d'Albert Durer, d'un travail si fini, qu'il n'y avait pas un poil sur lequel on ne pût

distinguer le clair, l'ombre et la demi-
teinte; Tacca voyant l'attention avec laquelle Egidio considérait ce dernier ouvrage, posa sa tasse et dit :

« Depuis le moment où j'ai acheté ce
lièvre, j'ai été de plus en plus confirmé
dans l'opinion de mon maître, qu'il faut se
tenir le plus près que l'on peut de la nature.
Albert Durer prit un lièvre, le plaça devant
lui et le peignit. Voyez quelle merveille en
a résulté! Ne devrait-on pas en faire de
même pour la sculpture? Le Talassius,
dans l'enlèvement des Sabines du seigneur
Giovanni, est un cavalier florentin. Les
maures de Livourne ont réussi, moins
mal qu'aucune autre chose que j'aie faite,
parce que je les ai copiés d'après la nature.
Du reste, il ne faut pas prendre ce que j'ai
dit trop à la lettre. J'ai fait le grand-duc de
Côme en cire, avec des yeux de verre, des
poils et des cheveux véritables; mais mon
intention n'est pas d'amener les arts à ce
point !»

Il termina par une maxime que les
artistes devraient graver profondément

dans leur mémoire, et avoir sans cesse devant les yeux :

« Car , dit-il , ce ne serait pas là *imiter, mais contrefaire la nature* (1). »

En ce moment entra de l'air le plus modeste, un enfant d'environ douze ans. Il tenait les yeux baissés, ne parlait point et paraissait avoir à peine le courage d'avancer. Il tenait quelque chose sous son habit.

« Venez, venez, Carlino, dit Tacca ; ne craignez rien , prenez courage ; ces Messieurs ont pitié de votre jeunesse. Le portrait du seigneur Giovanni dei Bardi vous a réussi à merveille ; celui de Ximenès a *été encore* meilleur. J'espère que vous continuerez à faire des progrès. »

« S'il plaît à Dieu et à la très-sainte Vierge, répondit l'enfant, il ne tiendra pas à moi que cela ne soit ainsi. »

--------

(1) Ne serait-ce pas là un reproche que l'on pourrait avec raison adresser à la littérature romantique?

*(Note du Traducteur.)*

— « Que nous apportez vous donc de nouveau ? »

— « Voyez seigneur Pietro... mais j'ai honte de le montrer à un grand homme comme vous. »

Il tira un tout petit tableau représentant l'adoration des Mages (1). Quand Tacca l'eut examiné il dit :

« Bravo, Carlino, bravo ; vous méritez que je vous fasse donner une tasse de chocolat. »

— « Je suis bien reconnaissant de vos bontés, mais un breuvage si délicat n'est pas fait pour un pauvre enfant comme moi. »

— « Etudiez, travaillez et vous égalerez un jour le seigneur Giovanni. Et à qui est destiné ce petit tableau ? »

— « A son altesse le prince Léopold. »

— « Et combien le lui ferez vous payer. »

— « Trouvez vous que vingt-cinq écus soient trop ? J'y ai travaillé deux mois. »

_______________

(1) *Voyez* la vie de Carlo Dolci, par Bertunnici.

— « Non ce n'est pas trop ; mais n'en demandez pas davantage, parce que je suis sûr que son altesse vous fera un cadeau. Les prix modérés plaisent aux amateurs et font du bien aux artistes, en ce qu'ils ne restent jamais sans travail ; tandis que ceux qui sont trop élevés, mécontentent le public et tournent à leur préjudice. »

Le jeune Dolci faisait la révérence pour se retirer, mais Pietro, quoiqu'il voulût s'en défendre, lui dit de s'asseoir et d'attendre le chocolat. Il arriva. Le pauvre Carlo qui tenait d'une main son tableau et de l'autre son chapeau, ne savait où poser l'un et l'autre. Il les réunit dans sa main gauche ; mais son embarras augmenta quand la tasse et les gimblettes lui ayant été offertes, il reconnut qu'il avait besoin de ses deux mains. Il n'avait jamais bu de chocolat ; car il était bien pauvre ; il avait perdu son père qui avait laissé plusieurs enfans. Il lui arrivait rarement de sortir de la maison, et il ne connaissait personne au monde que son maître, ses disciples et quelques frères de saint Benoît.

Il mit donc son chapeau par terre d'un côté, plaça le tableau derrière son dos sur la chaise, et prit la tasse de chocolat; mais quand il voulut la boire il se brûla les lèvres.

Egidio se tenait près du jeune homme avec lequel il était entré; mais comme Tacca n'avait presque pas cessé de parler, ils n'avaient pas trouvé le moment de causer l'un avec l'autre, ainsi qu'il arrive à ceux qui se trouvent dans *leur position.*

Le mouvement convulsif que la douleur arracha au pauvre Carlo Dolci fit sourir Egidio, qui se détourna pour que l'on ne s'en aperçût point. Il rencontra les yeux de l'autre, qui, étant d'une humeur gaie et plaisante, ne put se retenir de dire tout haut :

« Tu seras toute ta vie un grand maladroit. »

Cette saillie ayant fait rire Egidio tout de bon, il s'établit entre lui et son voisin une sorte d'intimité.

« Mais comment cela se fait-il ? » demanda le premier.

« C'est qu'il reçoit une éducation de moine, répondit le second ; tous sont de

même dans sa famille. Il a beaucoup de
disposition à la peinture, mais voyez quelle
figure il fait! Il ressemble plus à un dévot
qu'à un peintre. Je parie que si jamais on le
marie, il se sauvera la première nuit de ses
noces, par timidité (1). »

— « Mais est-il vraiment habile ? »

— « Le portrait de sa mère, qu'il a fait
l'an passé, a causé un étonnement général, non pour ce qu'il est, mais pour ce
qu'il promet. Il vient ici pour savoir l'opinion du seigneur Pietro sur ses ouvrages ;
car il n'oserait pas aller chez le seigneur
Matteo Rosselli, ne s'étant pas mis sous sa
direction. Il le méritait pourtant plus que
Vignali, qui est un peintre au moins mé-
diocre. »

« Vous êtes peut-être sculpteur ? » dit
Egidio.

« Non, monsieur; je suis peintre aussi,
et élève du seigneur Matteo. »

______

(1) Cela lui est réellement arrivé.

— « Ah ! et comment se fait-il que vous soyez ici?

— « Parce que je ne viens pas montrer mes ouvrages, parce que le seigneur Piétro est fort instruit, et parce que, comme vous le voyez, il s'y réunit plusieurs vieux artistes. On apprend toujours quelque chose dans leur conversation. »

— « Oserais-je vous demander votre nom? »

— « Lorenzo Lippi, pour vous servir. »

— « Je suis charmé d'avoir fait votre connaissance. »

— « C'est beaucoup d'honneur pour moi. »

— « Il me paraît que le seigneur Pietro a le ton un peu doctoral. »

— « Et qui pourrait l'avoir à plus juste titre que lui? »

— « J'ai vu, en passant, le cheval du grand-duc Ferdinand. L'homme et l'animal m'ont également paru de bronze et non de chair. »

— « Vous savez déjà qu'ils ne sont pas

de lui. Ils sont l'ouvrage de la vieillesse de son maître. Du reste, le mérite de Bologna fut grand, et celui de Tacca ne l'est pas moins. »

« — « Flamand ne vous paraît-il pas plus vrai ? »

« — « Mais le seigneur Pietro est plus correct. Les sphynx de la fontaine de l'Annunziata sont beaux. »

« — « Savez-vous pourquoi ils vous le paraissent ? parce que nous n'avons pas de modèles vivans à leur opposer. »

« — « Vous êtes donc artiste ? »

« — « Non; mais je m'efforce de juger du mieux que je puis à l'aide du bon sens. »

« — « Et les Maures de Livourne, les avez-vous vus ? »

« — « Je n'ai pas été à Livourne. »

« — « Eh bien, quand nous descendrons, nous passerons par la grande cour, où vous en verrez les modèles, et vous avouerez qu'ils approchent beaucoup de la nature, parce qu'il a pu s'en procurer des modèles vivans. »

— « Je me rappelle qu'en lisant les Mémoires des Peintres, j'ai été particulièrement frappé de ce mot de Michel-Ange de Caravage, qui, en voyant passer les gens dans la rue, disait : Voilà mes statues. »

— « Vous me faites grand plaisir. C'est là aussi ma pensée, mais je n'ose pas la dire, parce que les vieux crieraient. »

S'étant ainsi familiarisé en quelque sorte avec Lippi, Egidio continua à l'interroger.

« Quel est ce personnage, grand, blond, de belle figure, dont l'air est si distingué, et qui est assis auprès du seigneur Pietro ? »

« M. Juste d'Anvers, célèbre pour les portraits. Il est venu à Florence avec les fabricans de tapisseries, dans l'intention de passer à Rome; mais le grand-duc Côme l'a retenu à sa cour. »

— « Est-il jeune ? »

— « Il a tout au plus trente ans. Il est revenu de Rome l'année dernière : il y avait été appelé pour faire le portrait du pape, et il en a rapporté, comme vous voyez, la croix de Malte. C'est un brave homme, sans envie, sans artifice, sans orgueil... »

— « Comme doivent l'être les vrais artistes. Et cet autre qui est près de vous ? »

— « C'est le sculpteur Novelli. Il travaille en ce moment à la statue de Michel-Ange, que le petit-fils de ce grand homme veut placer dans une galerie qu'il fait construire. On y représentera les événemens les plus remarquables de sa vie, et l'on y conservera ses deux premiers ouvrages, tant en peinture qu'en sculpture. Il se plaignait dernièrement en ma présence du peintre Fabrizio Boschi, ami de la famille Buonarotti, qui est venu se mêler de son travail, et qui lui a fait faire des sottises. »

— « Et ce jeune homme, beau et plein d'ardeur, qui est à côté de Novelli? »

— « C'est Jean-Baptiste Vanni, disciple d'Allori. Il va à Parme pour étudier le Corrège.

— « Quel est ce vieillard à front chauve, et dont la tête est si majestueuse? »

Matteo Nigetti, disciple de Buontalenti. Il
s'est long-temps appliqué à la sculpture et
a travaillé avec son maître aux grottes de
Pratolino; mais après cela il s'est livré exclusivement à l'architecture. Il a confirmé
la maxime de Cellini sur le secours que
l'architecture reçoit de la sculpture, ainsi
qu'il en était déjà arrivé à Buontalenti, son
maître. Il préside maintenant à l'érection
de la chapelle incrustée de pierres précieu-
ses, qui s'élève derrière le maître-autel de
San Lorenzo. Le seigneur Pietro en fait,
comme vous voyez, grand cas; car il lui
adresse souvent la parole. »

— « Et quel est cet homme qui se
tient dans un coin et qui paraît aveugle? »

— « Il ne le paraît pas seulement; il l'est
véritablement, et de plus il est sculpteur
C'est encore une des merveilles de Florence; mais vous devriez le connaître : il a
été au service du duc de Mantoue, et c'est
dans cette ville qu'il a perdu la vue. »

« Il me semble en effet que j'en ai une
idée vague, » dit Egîdio.

« Il modèle parfaitement, continua

Lippi, et fait des ressemblances, en ne se servant que de ses mains. »

« Et comment s'y prend-il ? » demanda Egidio.

— « En faisant servir le toucher à tous les usages de la vue. Il a été disciple du seigneur Pietro. Son vrai nom est Giovanni Gonnelli ; mais il est plus connu sous celui de l'aveugle de Gambassi, du lieu de sa naissance. »

— « Et cet autre vieillard, qui a pris son chocolat avec tant de délices et dont la toilette est si négligée, pour ne rien dire de plus ? »

— « C'est Jacopo Chimenti, d'Empoli. Il a été jadis un artiste fort distingué, mais sa mauvaise conduite et sa gourmandise lui font passer une triste vieillesse. Voyez comme il regarde de travers Vanni, qui a été pendant quelques mois son disciple. Il n'a jamais pu lui pardonner d'avoir achevé un saucisson qu'il gardait précieusement, sans qu'il pût s'apercevoir des entailles qu'il y faisait. Le malin avait soin, chaque fois qu'il en coupait un morceau, de recouvrir l'entame d'une couche de cendres qui imitaient la saumure qui transude des saucissons quand ils sont ouverts. Vous avez dû observer qu'il ne lui a pas adressé une seule fois la parole. »

— « Il paraît fort âgé. »

— « Il a plus de soixante-dix ans ; et quoiqu'il ait beaucoup gagné dans sa vie, il n'a jamais mis un sou de côté. Il a cependant toujours été fort intéressé. Dès sa jeunesse, il a voulu être payé d'avance ; à mesure qu'il travaillait il demandait encore de l'argent, de sorte que, de force ou de gré, il tirait toujours de ses ouvrages quelque chose au-delà du prix convenu. »

— « Cela n'est pas mal imaginé quand cela réussit. »

— « Quand on n'a point de pudeur, et que l'on a affaire à beaucoup de gens, tout réussit. Mais de pareilles bassesses font perdre la considération. Lorsqu'il avait touché quelque somme, tant que son argent durait, adieu les pinceaux. Il passait le jour à essuyer la poussière de tous les cabarets et à regarder les marionnettes , et le soir au casino des fainéans (1) à jouer ; mais quand il lui arrivait de perdre un jules il déchirait les cartes , et jurait comme un païen.

» Il avait de tout temps été gourmand ; mais vers l'âge de trente ans ce défaut augmenta chez lui d'une manière effroyable. A compter de ce moment , il devint impossible de jamais obtenir un tableau de lui , sans lui faire des cadeaux de comestibles. Il avait soin d'en mettre le plus qu'il pouvait dans ses compositions, afin d'avoir l'occasion d'en demander aux personnes *qui les* avaient commandées pour lui servir de modèles.

» Il fut chargé une fois de peindre saint François dans la caverne de la Vernia pour la famille des Alessandri. Il imagina d'y introduire quelques petits oiseaux qui

_______________

(1) On appelait ainsi par dérision l'allée qui se trouve dans la rue dei Servi, en face du côté de l'hôtel de Pucci.

célébraient le saint, pendant qu'il faisait sa prière. Le seigneur Alessandri commença par lui envoyer des bottes de grives, d'alouettes et de rouges-gorges, afin qu'il pût les peindre d'après nature. Mais avant que ces bienheureux oiseaux ne fussent achevés tout l'automne se passa, et grâce-à son tableau, le rôti ne lui manqua pas un jour pendant la saison entière.

» Il peignit aussi un beau jeune homme, et réussit si bien, que la renommée de son tableau se répandit au loin. Tout le monde voulut le voir ; mais il ne le montra à personne, qu'à ceux qui lui envoyèrent des poulets, des chapons ou des bécasses. Il en retira plus de soixante écus.

» Il avait acheté le chevalet d'Andrea del Sarto, et les curieux ne pouvaient le voir que pour de l'argent. En un mot, sa maison et ses tableaux étaient devenus un vrai guet-apens. Et pourtant voyez-le ; il est resté nu, sale et gueux comme Garafulla. »

— « Comment ! vous connaissez Carafulla ? »

— « Eh! qui ne le connaît point à Florence?
Il était au service d'un pauvre sculpteur,
et je ne sais qui était le plus geux , du maître ou du valet. Le premier est aux Stinche,
où il travaille en plâtre, et revend ses ouvrages à ceux qui courent les rues avec les
petites figures sur la tête. L'autre a
quitté Florence, et on ne sait ce qu'il est
devenu. »

— « Quel homme était-ce ? »

— « Bon , charitable, toujours gai, toujours plaisant, mais ne possédant jamais un
sou. »

— « Son maître ne lui donnait-il donc pas
de gages ? »

— « Oui, quand il avait de l'argent, ce
qui n'arrivait pas souvent. Il était rare
qu'il pût dîner et souper le même jour. »

— « Sachez que j'ai trouvé ce Carafulla à
Bologne, que je l'ai pris à mon service, et
qu'il m'attend à la porte. »

— « Je ne l'aurais pas reconnu sous cet
habit galonné. Il vous sera utile, pourvu
que vous lui laissiez la liberté de parler. »

Pendant ce temps, Carlino ayant achevé

sa tasse de chocolat, se leva et partit après avoir fait une révérence à droite et à gauche, avec la plus grande humilité. Presque tous les étrangers s'étant de même retirés, et comme il ne restait plus dans le salon qu'Egidio, Lippi et plusieurs disciples du maître de la maison, ce dernier leur proposa de descendre à la fonderie, où il leur fit voir les modèles et les préparatifs de la grande statue équestre de Philippe IV, qu'il allait couler en bronze. Pendant qu'ils y étaient, un enfant de neuf ans arriva près d'eux en courant, embrassa Tacca, et lui montra un petit modèle en plâtre, représentant un chat et un petit chien, c'était son fils. Pietro l'encouragea, lui donna une tape sur la joue, et quelques pièces de monnaie pour acheter des bonbons; mais quand il fut parti, il fit observer aux assistans que les deux animaux n'offraient point l'expression convenable, et ajouta qu'il fallait que cet enfant renonçât à la sculpture; Tacca avait raison : son fils devint par la suite un excellent architecte.

Egidio, qui avait passé une matinée fort

agréable, prit pour lors congé du seigneur Pietro, et se retira avec Lorenzo Lippi.

La beauté de la journée, un zéphyr frais sans être froid, qui soufflait, et les oliviers qui blanchissaient sur les collines des environs, semblaient inviter à respirer l'air de la campagne ; de sorte que, presque sans s'en apercevoir, ils se dirigèrent tous deux sur la droite, vers la porte Pinti.

Chemin faisant, Egidio, apercevant un beau palais situé sur sa gauche et non loin de la porte, demanda à Lorenzo à qui il appartenait.

« Il a été autrefois celui de Bartolommeo Scala de Colle, répondit Lippi, célèbre chancelier de la république florentine. Après la conjuration de Pazzi, il dressa cet écrit qui fit le tour des princes et des républiques, avec la confession de Montésecco. »

— « Serait-ce le même contre qui Poliziano a écrit ses mordantes épigrammes? »

— « Précisément; celles dans lesquelles il lui reproche d'être le fils d'un meunier! »

— « Ce reproche ressemble plutôt à un

éloge, puisqu'il a pu s'élever si haut à l'aide de son seul génie. »

— « Je pense comme vous. Je trouve que Poliziano s'est plus avili lui-même que Scala en reprochant à celui-ci sa naissance. »

— « Quelle a été la cause d'une si grande haine ? »

— « C'est que Bartolommeo voulait marier sa fille Alessandra au grec Marullo, tandis qu'Angelo haïssait les Grecs et aimait Alessandra. »

— « Les hommes ont de tout temps été ainsi! L'amour les guide ou les égare, quand ils sont jeunes ; l'ambition ou l'intérêt, quand ils vieillissent.

— « Ajoutez à cela qu'Alessandra, indépendamment de sa beauté, était douée d'un rare génie. Elle composait en italien, en latin et en grec. Elle dansait et jouait du luth avec beaucoup de grâce, et avait en outre le talent d'improviser. Mais voyez son malheur! Il n'est presque rien resté d'elle, pas même son portrait! »

— « Marullo aura sans doute été jaloux ? »

« S'il l'avait été, sa jalousie n'aurait pas duré long-temps : car il se noya misérablement dans la Gécina. »

« D'après ce que vous me dites, si les nouvelles historiques, comme la plupart de celles de Bandello, la célèbre Roméo et Juliette de Luigi de Porto, et les nouvelles tragiques de Bocace étaient encore à la mode, on pourrait faire un récit assez agréable des aventures d'Alessandra. »

« On en ferait deux, répondit Lorenzo. Dans le premier, on représenterait la vie civile de Florence sous Laurent-le-Magnifique; la jeunesse de Michel-Ange, assis à sa table, et élevé avec ses fils; les premiers pas de Léon X à côté de Poliziano, de Ficino, de Pico, jusqu'à la mort de son père, et l'expédition de Charles VIII. Au milieu de ces grands hommes, Alessandra apparaîtrait comme Corinne parmi les héros de la Grèce.

« Dans le second ouvrage, au contraire, enveloppée après la mort de son mari, dans les révolutions de l'état de Florence, abhorrée comme la fille du plus grand ami des

Médicis, elle ferait voir comment une âme élevée sait lutter contre la fortune ennemie; jusqu'à ce qu'enfin, malgré l'habileté et les discours de Machiavel, les sermons de Savonarola, la bonté de Soderini, et son imprévoyance en s'attirant l'inimitié du pape Jules, l'état populaire dût enfin céder à la puissance toujours croissante des Médicis. »

— « Il me semble que j'ai lu quelque chose de ce genre dans Celio Malespini. »

— « Vous ne vous trompez pas; il a fait deux nouvelles sur les aventures de Bianca Capello. Mais les temps dont je vous parle sont d'une bien plus grande importance. L'esprit humain était alors partout en mouvement. La découverte de l'Amérique, le doublement du cap de Bonne-Espérance, la chute récente de Constantinople et la domination même de Charles-Quint, qui changea la face de l'Europe, offrent des sujets capables d'illustrer la plume d'un écrivain, quel qu'il soit. En mettant les personnages en scène et en les faisant parler, on les fait mieux connaître. »

— « Oui, c'est un beau sujet. Et puis, vous autres Toscans, vous avez un mérite que personne ne peut vous contester; c'est le naturel. Votre exécution est parfois incorrecte par excès de facilité; mais elle n'est jamais affectée. »

— « Nous ne manquons pas non plus de gens qui lardent leurs écrits de phrases antiques, au point qu'en les lisant on croit marcher sur du gravier. »

— « La pédanterie est de tous les lieux et de tous les siècles. »

— « Aussi que le ciel nous en préserve ! »

En s'entretenant ainsi et en marchant lentement, ils étaient parvenus à un bon tiers du chemin qui sépare la porte Pinti de la porte San-Gallo. Le ciel était on ne peut plus riant; le soleil éclairait le penchant des montagnes, et faisait briller aux yeux, comme dans une charmante décoration, les belles maisons de plaisance répandues sur les coteaux et dans les vallées des agréables collines de Fiesole. Pendant qu'Egidio se retournait pour admirer cette perspective naturelle, Lorenzo lui disait :

« La maison que vous voyez là haut s'appellait la villa du Dante. Nos ancêtres étaient bien modestes. Celle qui est située plus bas, et qu'a immortalisée Bocace, n'offre tant d'apparence que parce qu'elle a été agrandie depuis peu d'années. »

— « Tout vous parle ici de la gloire de vos aïeux. »

— « Je voudrois bien n'avoir pas à vous répondre qu'elle forme un douloureux contraste avec la vie oisive de leurs descendans. Espérons que le nouveau grand-duc fera renaître les lettres par la protection qu'il leur accordera. »

— « Les lettres n'ont pas besoin de protection. Ce sont des fleurs qui naissent spontanément dans les climats tempérés. Il suffit pour elles que le vent ne les flétrisse ni ne les arrache. Ce vent dont je parle est celui de la persécution. »

— « Pardonnez-moi, mais je crois que vous êtes dans l'erreur. Les lettres ont besoin d'être au moins honorées; et cet hon-

neur doit commencer par le prince , parce
que ses sujets se conforment toujours plus
ou moins à l'exemple qu'il leur donne. »

— « On dit beaucoup de bien de votre
jeune prince. »

— « Je crois que c'est avec justice. »

— « Ah! quel beau ciel! quel doux zéphyr! quelle nature enchantée! »

— « Tant pis pour nous, si nous n'en pro-
fitons pas. »

— « Vous êtes bien sévère. »

— « Je le suis, parce qu'il me semble que
les arts et les lettres tombent en déca-
dance. La musique seule fait des progrès.
Pour le reste, nous nous reposons sur nos
lauriers, ou pour parler avec plus de modestie, sur nos souvenirs. »

« On m'a parlé, dit Egidio, d'une femme
extraordinaire qui fait l'ornement de cette
ville. »

— « De la signora Barbara degli Albizzi
sans doute; c'est une personne de beaucoup
d'esprit. »

— « Et d'une grande beauté, à ce que l'on
assure. La connaissez-vous ? »

— « J'ai cet honneur. »

Egidio ne remarqua pas en ce moment, que si Lorenzo ne parlait pas, c'était parce qu'il sentait davantage. Arrivés à la porte par laquelle ils allaient rentrer en villle, Egidio marqua son étonnement de ce que, dans un pays gouverné avec tant de douceur, on souffrît les vexations dont les douaniers accablaient les voyageurs. Lorenzo répondit que cela provenait d'un zèle mal entendu des subalternes; et il allait continuer, quand ils entendirent un des commis crier à une femme qui passait en même temps qu'eux :

« Bonne femme, que portez-vous dans ce mouchoir? »

« Onze œufs, » répondit-elle.

— « Permettez que nous les comptions.»

« Voyez l'industrie, dit Lorenzo ; onze œufs ne paient point de droits, une douzaine en paie ; et je gage que cette femme fait treize voyages par jour, pour épargner douze sols. »

— « Elle est rusée. »

— « Il est encore possible qu'elle ait

le douzième dans sa poche; mais cela n'est pas sans danger : car les commis, qui le savent, frappent souvent sur les poches des servantes avec leur bâton ferré, et leur font ainsi d'avance un emplâtre pour les blessures à venir (1). »

Quoique Lorenzo se retînt par un certain respect que lui inspirait une personne avec qui il n'était pas encore familier, tout annonçait cependant que sa gaîté était inépuisable.

Continuant leur route, ils suivirent la rue San-Gallo, vers la place Saint-Marc, passèrent devant la petite maison qu'avait habitée Bianca Capello avec son mari Benoventura, ainsi que devant le palais de Côme-le-Vieux, où était né Laurent de Médicis. Ils achevèrent leur tournée par la chapelle de Michel-Ange, où la lumière douce et tranquille qui tombe du haut de la lanterne sur les statues, en fait bien mieux com-

----

(1) *Una chiarata senza stincatura.*

(*Note du Traaucteur.*)

3*

prendre le relief, et remplit l'âme d'une certaine mélancolie qui s'accorde bien avec le lieu.

Lorenzo accompagna Egidio jusqu'à sa porte; celui-ci le remercia, et l'invita à monter. Lippi s'excusa à cause de l'heure avancée, et ils se séparèrent également contens l'un de l'autre.

# CHAPITRE III.

### LE GRAND LYNCÉE.

EGIDIO avait monté l'escalier de l'auberge,
et se préparait à entrer dans sa chambre,
quand Gertrude vint au-devant de lui. Ainsi
qu'il arrive d'ordinaire aux personnes qui
ne sont point accoutumées à vivre avec elles-
mêmes, elle s'était ennuyée pendant la longue absence de son amant ; de sorte qu'elle
lui dit, avec un mouvement d'impatience :

« Quand sortirons-nous donc d'ici ? »

— « Sous fort peu de temps. L'hôte m'a promis qu'il trouverait pour nous une maison excellente dans ces environs. »

— « Et ma femme de chambre, quand arrive-t-elle ? »

— « L'hôte m'a aussi promis de la présenter aujourd'hui. »

— « Et quel était ce jeune homme qui vous a accompagné jusqu'à la porte ? »

— « C'est une personne que j'ai rencontrée chez le seigneur Tacca. Il me plaît beaucoup. Il a infiniment d'esprit, et est très-bien élevé. »

— « Pourrait-il nous être utile ? »

— « En quoi ? »

— « Vous le demandez ? Dans notre affaire. »

— « Vous perdez l'esprit. La position dans laquelle nous sommes, ajouta-t-il en baissant la voix, exige tant de précautions que nous ne pouvons jamais en avoir assez. »

— « Et qui nous a jetés dans cette position ? »

« Taisez-vous, Gertrude, répondit Egidio

un peu brusquement ; puis, se remettant tout de suite à lui parler avec tendresse, il ajouta : Quand nous serons dans notre maison, sans inquiétude, en repos et en liberté, nous en parlerons. »

— « Et pourquoi n'avéz-vous pas invité ce jeune homme à monter ? »

— « Je l'ai invité, ainsi que la politesse l'exigeait ; mais il m'a remercié, et je n'ai pas cru devoir insister. »

— « Une autre fois faites-le monter absolument, je ne veux plus rester ainsi seule. Mais à propos, pourquoi êtes-vous rentré si tard ? »

— « Parce que je n'aurais pas pu quitter plus tôt le lieu où j'étais sans malhonnêteté. »

— « Mais aussi, à quoi sert-il d'aller voir des choses que vous auriez pu trouver par milliers à Milan ? »

— « Quand un ministre vous engage à aller chez des gens de mérite, vous ne pouvez refuser sans alléguer un motif. »

— « Et pourquoi êtes-vous allé chez le ministre ? »

— « Parce que, les aubergistes étant dans l'obligation de faire connaître à la police le nom de tous les étrangers qui descendent chez eux, si je n'étais pas allé chez le ministre, j'aurais pu être appelé devant le secrétaire des Huit, ou bien devant quelques employés subalternes, avec lesquels on a toujours plus d'embarras qu'avec les chefs. »

— « Mais quelle nécessité y avait-il de jouer le savant? Ne pouviez-vous pas faire semblant de ne rien comprendre à toutes ces choses ? »

— « C'est ce que je n'ai pas voulu faire. »

— « Et pourquoi ? »

— « Pour ne pas passer pour un sot, comme tous vos parens de Milan. »

— « Moi une sotte ! Ah ! »

En prononçant ces paroles, Gertrude se frappa le front de la main, et se retira courroucée.

Egidio ne savait que penser de ces manières si nouvelles dans Gertrude. Il ne réfléchissait pas qu'il est impossible de bien connaître le caractère d'une femme

qu'on ne voit qu'à la dérobée et sous l'ombre du mystère , qui embellit presque toujours ce qu'il couvre. Le péril, qui ajoute à
l'ivresse des sens , aveugle l'âme par un
charme qui ne laisse pas de place à la ré-
flexion. Dans ces cas, l'homme ne voit
que l'amante , et néglige d'étudier la
femme.

Anguilloto ne tarda p as à venir avertir
que la table était servie. Gertrude s'y plaça,
mais ses traits portaient l'empreinte de cet
orgueil inexplicable qui méprise les lettres,
fait peu d'attention à ceux qui les cultivent,
et en même temps s'offense quand d'autres
les estiment. Pendant toute la semaine, les
choses se passèrent avec cette froide politesse qui d'ordinaire est l'avant-coureur
d'une tempête.

Après le dîner , l'hôte présenta à Gertrude une jeune personne nommée Laldomine, qui lui plut dès le premier abord, et
qu'elle arrêta sur-le-champ pour femme
de chambre. En attendant, la maison qu'ils
devaient occuper ne pouvant être prête que
dans dix jours, et l'appartement exigu

qu'ils avaient à l'Ange les mettant sans cesse en contact avec leurs domestiques, et particulièrement avec Laldomine, la tempête, quoique légère, n'éclata que plus tard, ainsi que nous le verrons.

Le dimanche suivant, l'abbé Pandolfini vint prendre Egidio à son auberge, pour le conduire chez Galilée.

Ils sortirent ensemble, passèrent par le Corso degli Adimari et par le Marché-Neuf. Ils parvinrent ainsi aux antiques maisons degli Amidei, et, après le vieux pont, ayant pris par la rue dei Bardi, ils se disposaient à monter la colline du côté du palais dei Tempi, quand ils virent venir vers eux deux jeunes gens, accompagnés d'un seul estafier portant la livrée de la cour. Le moins âgé des deux paraissait n'avoir guère plus de douze ans. Ce dernier parlait avec beaucoup de feu à l'autre, qui, plus sérieux et plus grave, paraissait l'écouter avec amitié, et lui répondait de temps à autre avec bonté. Celui-ci avait de l'embonpoint, le visage arrondi, et l'air pensif. Tout indi-

quait qu'il s'était de bonne heure accoutumé à la méditation et à l'étude.

Quand ils furent près d'eux, Pandolfini
s'arrêta, fit signe à Egidio d'en faire autant,
et s'inclina profondément à leur passage.
Le plus âgé ayant reconnu Pandolfini, lui
répondit par un signe de tête et un sourire
qui, en éclaircissant la gravité de ses traits,
laissa percer la bonté et la candeur de son
âme. Le plus jeune, qui ne connaissait pas
l'abbé, se contenta de le saluer, et poursuivit son chemin.

Derrière eux, et sur tout le penchant de
la colline, on voyait aux fenêtres et aux
portes des maisons, les femmes, les vieil-
lards et les enfans suivre des yeux avec
curiosité, et se montrer les uns aux autres
les deux jeunes gens qui venaient de passer.
Egidio ne douta pas que ce ne fussent des
personnes d'un haut rang; et, pendant
qu'il se retournait pour demander leur nom:

« Savez-vous, lui dit l'abbé, que c'est là
le grand-duc? Il vient peut-être de visiter
le château du Belvéder; ce n'est pourtant

que depuis avant-hier qu'il a pris en main
les rênes du gouvernement. »

« On dit beaucoup de bien de lui, répondit Egidio, et la Toscane en attend beaucoup. »

« Je n'y ajouterai rien, parce que la
moindre louange serait suspecte dans ma
bouche, reprit Pandolfini; mais je puis
dire que cet enfant qui l'accompagne, et
qui est son frère cadet Léopold, est une
merveille pour son âge. Il n'a pas encore
complété sa douzième année, et pourtant
il commence non-seulement à comprendre
les langues savantes, et à s'y exercer, mais
il déploie encore un génie extraordinaire
pour les beaux-arts.

» Un soir, en s'entretenant avec sa mère
et avec son aïeule, il entendit dire à son
précepteur, le seigneur Jacopo Soldani, l'un
des hommes les plus savans et les plus spi-
rituels de Florence, que l'âme des grands
hommes se peint presque toujours sur leur
physionomie. Ayant appliqué cette maxime
aux peintres, en y ajoutant que ceux qui
s'étaient peints eux-mêmes avaient pu im-

primer leur âme toute entière dans leurs portraits, parce que personne ne connaît les autres comme il se connaît, le jeune prince imagina sur-le-champ de rassembler les portraits de tous les grands peintres qui s'étaient peints eux-mêmes ; cette collection, s'il parvint à la porter à un certain point de perfection, car il serait impossible de jamais la compléter, deviendra une des plus étonnantes de l'Europe. »

« Dites du monde, ajouta Egidio , car elle sera nécessairement unique. »

« Il aime aussi beaucoup les pierres gravées , et il en possède un grand nombre : de sorte que les artistes doués d'un vrai mérite ont tout à espérer d'un pareil Mécène. Aimant les arts pour lui-même, les aimant pour le plaisir qu'ils procurent, pour l'ornement qu'ils ajoutent à l'esprit, et non par orgueil et par vanité, il ne tardera pas à y devenir un connaisseur habile ; ce qui empêchera de pénétrer jusqu'à lui ces demi-savans , qui sont pour la plupart le fléau des arts et le désespoir des pauvres

artistes. Mais nous voici arrivés à la demeure du seigneur Galilée.

Egidio ayant un peu froncé le sourcil ,
l'abbé ajouta :

« Oui , cette humble maison renferme
le grand homme dont le monde entier ne
peut contenir la renommée. »

« On ne saurait avoir plus de modestie, »
observa Egidio.

Etant entrés au rez-de-chaussée, un
domestique vint leur dire que le seigneur
Galilée était au lit, un peu indisposé ; mais
qu'ayant reçu la visite du grand-duc et de
son frère , qui lui avaient fait l'honneur de
venir le voir, il s'était senti fort consolé par
leur présence , qu'il se trouvait mieux, et
qu'il avait demandé un livre : de sorte qu'ils
pouvaient espérer de le voir (1).

Quand ils eurent monté l'escalier et qu'ils
furent parvenus dans l'antichambre ,
l'abbé fit voir à Egidio le buste en plâtre

(1) La visite du grand-duc à Galilée malade est
historique.

de Galilée que Caccini avait modelé par l'ordre de Côme II.

« Michel-Ange ou du moins ce rare et singulier génie de Cellini eussent été dignes de transmettre ces traits à la postérité; mais ce buste, tel qu'il est, ne manque ni de vie ni de vérité. »

Sur ces entrefaites Rinuccini sortait de la chambre du malade; et, comme il était familier avec l'abbé, il n'attendit pas que celui-ci lui demandât des nouvelles de la santé du grand homme ; mais, après avoir salué Egidio, il lui apprit que c'était plutôt moralement que physiquement qu'il souffrait. Les lettres qu'il avait reçues de Rome la veille avaient causées son indisposition ; parce que d'un côté elles lui annonçaient, en paroles obscures et mystérieuses, que l'on continuait à machiner en secret pour l'attaquer de nouveau et le perdre ; tandis que de l'autre l'abbé Castelli, son ami intime, lui écrivait que son fils Vincenzo était *un ignorant, un entêté et un mauvais sujet,* ce qui avait fait beaucoup de chagrin au père (1). Rinuccini ajouta qu'il était bien malheureux qu'un si grand homme eût perdu la santé par suite de chagrins de famille, quand déjà il était si fort tourmenté par ceux du dehors. Les hommes seraient souvent plus justes et plus discrets, s'ils pensaient au tort que leur conduite fait à la postérité.

En ce moment on entendit une sonnette, et les étrangers furent introduits par Rinuccini.

Ils entrèrent dans la chambre avec ce silence et cette vénération avec lesquels on pénètre dans des lieux sacrés. Les volets de la fenêtre étaient à demi fermés ; mais, quoique la lumière fût affaiblie, cela n'empêchait point de distinguer les traits de ce vénérable vieillard. Il était assis sur son lit, et portait un mouchoir blanc noué autour du col, un justaucorps de drap foncé, avec une pelisse par dessus, doublée de bleu-

---

(1) Cette lettre est historique ; elle se conserve dans les papiers de la famille de Nelli.

ciel, un peu fané par le temps. Son front était majestueux, sans béret ou bonnet d'aucune espèce : car il n'en portait jamais, pas même en dormant, ni au cœur de l'hiver. Ses yeux brillaient d'un éclat extraordinaire.

Les rideaux de son lit étaient de serge verte, ainsi que le tour du lit et le dais. A gauche on entendait les oscillations d'un balancier qui faisait mouvoir les roues d'une horloge (1) ; à droite il y avait un télescope monté sur un pied de buis ; et à la tête du lit, on voyait un Christ couché dans les bras de sa divine mère, œuvre d'un grand mérite, que son ami Cigoli lui avait donné comme un souvenir.

Il tenait les mains sur son lit, sur lequel

______

(1) Ceci est un léger anachronisme. Il est vrai que Galilée avait découvert la loi des oscillations du pendule ; mais ce ne fut que son fils Vincent qui l'appliqua au mouvement des horloges, plusieurs années après la mort de son père.

il y avait un livre ouvert. Pendant que Pandolfini prononçait les paroles d'usage, quand on présente un étranger à un homme que l'on ne recherche que pour son seul mérite, Egidio contemplait avec enthousiasme l'air majestueux de ce sublime investigateur des secrets de la nature ; ces joues, un peu tombantes par l'effet des années ; ce front silloné par ses longues études et de profondes réflexions ; ces yeux accoutumés à observer le ciel ; cette bouche de laquelle l'éloquence et la sagesse ne cessaient de couler comme d'une source inépuisable. Il examinait ensuite ce lit dépouillé non-seulement des ornemens du luxe, mais encore des commodités de la vie, la nudité de l'appartement, qui n'offrait pas même les meubles les plus ordinaires, et disait en lui-même : Combien les plus magnifiques vanités de la terre deviennent petites en ce lieu !

En attendant le philosophe, se tournant avec un sourire vers l'étranger dont il venait d'apprendre la patrie, lui dit, avec cette ingénieuse application des passages les moins

connus des poëtes latins, qui lui était particulier :

*Primus.... in patriam*
*Aonio rediens* deduxit *vertice Musas.*

Et c'est à votre poëte que nous devons si les
muses après avoir habité avec le nôtre n'ont
plus abandonné le séjour de l'Italie. Tant
qu'elles seront appréciées, tant qu'on n'aura
pas tout-à-fait oublié le Dante et celui-ci,
ajouta-t-il en montrant de la main le livre
ouvert sur son lit, ils demeureront, pour
ceux qui pourraient s'égarer sur la vaste
mer des extravagances poétiques, dont nous
n'approchons que trop, les deux étoiles
propices qui indiqueront le véritable chemin du Parnasse. Je suis déjà vieux, et je
viens de lire, pour la cinquantième fois, la
fuite d'Angélique, sans jamais pouvoir me
rassasier d'en admirer les grâces, la facilité,
la noblesse, la franchise : oh ! quel admirable poëte ! quelle richesse de détails dans le
palais d'Alcine ! que d'imagination et de
poésie dans le voyage d'Astolfe ! »

« Qui sait , répondit Egidio, si, après les découvertes que votre seigneurie a faites dans la lune , l'Arioste n'aurait pas pu ajouter encore à ses inventions ? mais il est du moins certain qu'il aurait cru devoir agrandir de beaucoup le lieu où l'on conserve les bouteilles renfermant la raison des hommes , attendu qu'au milieu de tant de ridicules disputes celle des péripatéticiens y est allée tout droit. »

Il avait dit cela pour faire plaisir à Galilée, qui était ennemi juré de la philosophie d'Aristote.

« Ne parlons pas d'eux pour le moment, reprit le philosophe , car je vais bientôt être honoré de la visite d'un de leur principaux chefs.

» Mais que leur raison soit partie pour la lune, ou que, par un malheur inouï, elle soit restée ici , n'importe. Invinciblement attachés à leur opinion, ils agissent et luttent dans leurs discours, comme si la vérité était de leur côté; et en cela ils peuvent se flatter de l'appui de tous les moines de l'univers. L'abbé Pandolfini sait avec combien de patience j'ai supporté il y a plusieurs années les persécutions, les calomnies, les mauvais procédés de ceux qui, oubliant les règles de leurs saints instituts, se conduisent d'une manière si cruelle. J'en étais venu au point de parler et de pardonner à ce malheureux, qui ne craignit pas, pour m'outrager, de convertir du haut de la chaire, en un sens profane, les paroles de la très-sainte Écriture; et pourtant tout cela ne m'a servi de rien. Après tant de modération, j'ai été obligé d'entendre que c'était une chose presque téméraire que de faire des recherches si *minutieuses sur les secrets du ciel*, comme si les cieux ne racontaient pas la gloire de l'Éternel, lorsque par la science de la géométrie on découvre l'incontestable vérité de choses qui, au premier aspect, paraissent fausses et impossibles. Mais quand la modestie, la patience et la charité ont manqué leur effet, il est temps de dire une fois librement la vérité.

» Je ne me ferai pas d'abord comprendre de tout le monde, mais je finirai par en venir à bout : car si le livre admirable de la nature est ouvert à tous, il est nécessaire de connaître les caractères de la langue dans laquelle la sagesse éternelle l'a écrit. Tous les géomètres de l'Europe me comprendront, si *les moines ne veulent* pas, ne peuvent pas ou ne savent pas m'entendre. »

L'abbé Pandolfini ne répondant pas, parce que l'habitude des cours où se pèsent les destinées des peuples, fait contracter une certaine finesse taciturne, qui, sans être de la dissimulation, y ressemble néanmoins beaucoup, le philosophe ajouta :

« Laissons les moines en repos, et retournons à l'Arioste, qui a su les peindre si bien d'après nature, et nous rendre pour ainsi dire témoins des brigues dont ils remplissent leurs tumultueux chapitres.

» Mais ce bon messer Lodovico, que n'a-t-il pas peint dans une égale perfection ? Il est vrai qu'il ne supporte pas de frein, mais il ne va jamais jusqu'à l'extravagance. Les périls auxquels il s'expose nous épouvantent et nous plaisent à la fois. Il ressemble

à-un cheval généreux, qui voudrait se
laisser guider par un mors d'ivoire et des
rênes de soie. Quand il quitte la terre, son
vol ressemble à celui de l'aigle; il parcourt
majestueusement, et sûr de lui-même, les
espaces déserts du ciel. Je serais fâché de
me tromper, mais il me semble qu'il est
le seul, parmi les modernes, qui ait possédé le don que la nature départit à Nico-
maque et à Homère. Les tableaux du premier et les récits du second ne semblent
pas avoir été faits, mais être nés et venus au monde, sans une ombre de fatigue
et de peine. Quant à nos peintres, c'est
surtout notre Andrea qui a aussi joui de ce
privilége. Mais la nature, qui est rarement prodigue de ses dons, n'a pas voulu
lui donner une imagination aussi sublime
et aussi féconde que sa main était facile et
prompte. Et mon Cigoli! comment puis-je
l'abandonner ainsi? Je ne sais plus quel est
le poëte qui prétend qu'une foule de flèches
d'amour et de lyres de poëtes sont suspen-
dus aux murs du temple de la Fortune :
je suis d'avis que l'on pourrait y joindre

aussi beaucoup de pinceaux de peintres ,
puisque leur réputation dépend en grande
partie de l'importance des ouvrages qu'ils
entreprennent. Et en effet, quel peintre eût
été plus grand que lui , si Ferdinand et
Côme lui eussent ouvert les salles du palais
Pitti , comme le pape Jules ouvrit les ap-
partemens du Vatican à Raphaël? Voyez-
le dans le *Martyre de saint Laurent* et dans
*Jésus-Christ présenté au peuple!* Il faudrait
que l'amitié m'aveuglât bien, pour que je me
trompasse en vous prédisant que si quelque
jour, par une révolution , les plus célèbres
chefs-d'œuvre des plus grands peintres se
trouvaient réunis dans un même lieu , les
trois figures de Cigoli représentant Jésus entre Pilate et le bourreau céderaient à bien
peu d'entre les autres. Mais les apparte-
mens du palais sont nus et sans ornemens.
Veuille le ciel qu'avec le temps ils soient
décorés d'une manière digne d'eux ! Car de
même que je le sens pour la poésie, je
crains que, pour la peinture aussi , nous
n'approchions du siècle de la décadence ;
et dans les arts elle est plus fatale que dans

les lettres; parce que dans celles-ci il est facile de condamner à l'oubli les livres empreints de fausses beautés; mais dans les arts quand les monumens sont ridiculement construits, et couverts de mauvais tableaux, on n'a pas le courage de les démolir pour en élever de meilleurs, ni la générosité de les faire repeindre. Il n'y a pour lors de ressource que dans les années qui en font justice, et elles sont lentes à arriver. »

A mesure qu'il parlait, cet admirable vieillard s'animait de plus en plus : car il savait tout et raisonnait sur tout avec cette règle et cette mesure auxquelles s'accoutument les esprits adonnés à l'étude et à la pratique de la géométrie. Nul n'aurait osé l'interrompre, car on ne pouvait s'étonner assez de la grâce, de l'éloquence et de la gravité avec lesquelles il parlait.

Sur ces entrefaites, on vit entrer le prince des péripatéticiens toscans, Giovanni Nardi de Montepulciano, médecin de la cour, que le grand duc envoyait à Galilée, ainsi qu'il le lui avait annoncé d'avance. Une

chevelure arrangée avec beaucoup de nœuds
autour d'une figure très-large, une façon
de parler hardie, un regard audacieux, un
abord arrogant annonçait en lui un philosophe, et il s'est en effet donné ce titre sur
le frontispice de ses ouvrages. Pour le reste
beaucoup d'érudition en grec et en latin,
un certain goût pour les arts, et de la facilité à s'exprimer dans la langue de Cicéron,
le rendaient célèbre auprès de ceux, et c'é-
tait le plus grand nombre, qui ne savaient
pas encore que, pour la saine philosophie,
Galilée devait être celui auquel on appli-
querait ce que les Florentins lisaient jour-
nellement dans leur cathédrale, inscrit trois
siècles auparavant sous l'image de Giotto
pour la peinture :

*Ille ego per quem pictura extincta revixit.*

Nardi venait, comme nous l'avons dit, de
la part du grand duc apporter à Galilée des
poudres calmantes, parce qu'il avait peu
reposé la nuit précédente; mais ni le
prince ni le docteur ne savaient que la meil-

leure poudre qu'on eût put lui administrer
eût été le repos de l'esprit. En attendant, il
est probable que c'est précisément aux con-
trariétés qu'il éprouva, qu'il dut le vol élevé
qu'il prit.

Sans l'obstination et les mauvais procédés des péripatéticiens, nous n'aurions peut-
être pas eu les *Dialogues sur les Systèmes du
Monde.*

En attendant, quoique Nardi fût grand
péripatéticien, il livrait aux autres le soin
de disputer. Il jouissait et se gonflait des
honneurs qui lui étaient accordés en laissant à d'autres la fatigue de la chicane. Il
était comme un soldat en uniforme, mais
sans armes ; sa science était fort grande
pour son siècle ; mais cette science profi-
tait peu ou point aux progrès de la médecine. Les remèdes alors les plus à la mode
étaient les perles broyées, le lapis-lazuli pul-
vérisé , l'or potable, sans parler de l'opobal-
samum , dont chaque once valait une livre
pesant d'argent. Ensuite l'huile contre les
poisons, l'onguent contre les dartres, l'élec-
tuaire contre la morsure de la vipère et les

diverses eaux pour enlever les marques de
la petite vérole firent croire aux gens trop
crédules, que les seuls remèdes dont les
effets fussent certains, étaient ceux qui se
tiraient exclusivement des forces de la nature.

Il fallut attendre encore deux générations avant que Redi ne vînt rappeler les
esprits à la simplicité d'Hippocrate, cou-
ronnant de ce nouveau laurier sa glorieuse
pàtrie. Dans l'intervalle la médecine fut
livrée à tous les excès d'une érudition indi-
geste.

C'est à elle que nous devons l'Analyse
du Lait, de notre grand péripatéticien. La
Genèse et l'Ecclésiaste y sont cités à côté
de Laurentio et de Vésale. Avicenne, Celse
et Cardano y paraissent avec le vénérable
Bède et Origène; saint Ambroise et Ter-
tullien avec Scaliger et Columelle; Menoc-
chio et Tiraquello avec Lucrèce, Juvénal
et le Tasse.

En entrant dans la chambre, Nardi demanda à tâter le pouls du malade, et comme
il était grand partisan de l'uroscopie, les

assistans s'attendaient à une seconde demande de sa part; mais soit que le malade ne sentît plus aucun reste de son
indisposition, soit qu'il poussât, malgré sa
grande âme, la faiblesse humaine au point
de ne vouloir absolument pas être guéri par
un péripatéticien, soit enfin qu'il ne dédai-
gnât pas de railler un peu ce docteur si
vain et si altier, qui depuis le voyage qu'il
avait fait avec le grand duc en Allemagne,
n'aurait pas voulu s'asseoir à la même
table qu'Averroës, il lui dit en riant sans
offrir son pouls :

« Toutes les fois que vous me ferez l'honneur de monter jusqu'ici pour me faire visite, je vous prie par charité de ne pas
mettre ce vilain habit rose (1) qui m'of-
fusque la vue, et qui fait sur mes nerfs
l'effet de la corde sur un criminel. »

« Le seigneur Galilée est toujours riant
et de bonne humeur, répondit Nardi. Celui-

---

(1) La couleur rose était à cette époque réser-
vée aux médecins.

qui ne le connaîtrait pas ne pourrait croire que dans un esprit sublime il restât encore de la place pour la raillerie. »

—« Je ne raille vraiment pas ; je vous dit que cet habit me fait mal aux nerfs. »

—« Cela vient de ce que vous ne croyez pas à la médecine. »

— « Bien au contraire : à Pise j'avais même commencé à l'exercer ; mais quant à moi , je n'emploie jamais que deux remèdes. »

—« Qui sont ? »

—« Le régime et la diète. »

— « Il y a des cas où ils ne suffisent pas. »

— « Et croyez-vous donc que les vôtres soient plus efficaces? Les Romains sont restés plus de cinq cents ans sans médecins, et je ne sache pas qu'il mourût alors plus de monde sur les bords du Tibre qu'il n'en meurt à présent sur ceux de l'Arno. Je ne crois pas qu'ils soient encore connus en Amérique, et avec votre permission j'envie le sort de ces peuples. Mais je veux bien admettre un moment l'utilité de votre science et les miracles de la divinité que vous adorez; dites-moi comment il se fait en ce cas que ses pontifes ne soient pas d'accord. Les Arabes ne s'entendent point avec les Grecs. Galien est d'un tout autre sentiment qu'Avicenne. A qui faut-il donc croire, docteur? Quant à vous-même, votre manière ne ressemble ni à celle de l'un ni à celle de l'autre, et pourtant vous composez des mithridates et des thériaques où entrent cinq cents ingrédiens différens. Je dis, et il me semble que Pline l'a dit avant moi, que toutes ces choses se font par ostentation. »

Nardi souriait afin d'avoir l'air de prendre pour une plaisanterie ce que peut-être Galilée disait le plus sérieusement du monde. Ce dernier poursuivit,

« D'après cela, mettez l'habit rose de côté, vivez en philosophe, et toutes les fois que vous monterez la côte, vous serez le bien reçu. »

Ayant ainsi touché la corde la plus sensible de l'instrument, après lui avoir fait

avaler plus d'une pilule amère, il continua :

« Maintenant dites-moi, ainsi qu'il convient à un homme de votre mérite, quel
est celui qui s'est le plus éloigné de la vérité,
celui qui a estimé dix écus, ou celui qui a
estimé mille écus un cheval, qui en réalité
en valait cent? »

—— « Sans doute celui qui l'a estimé mille
écus. »

— « C'était aussi l'avis du curé Nozzo-
lini. »

— « Et ne pensez-vous pas comme lui ? »

— « Que le ciel m'en préserve ! »

— « Et pourquoi donc me le demandez-
vous? »

— « Pour savoir votre opinion, docteur. »

— « Ce qui ne vous empêchera pas de
garder la vôtre. »

— « Qu'importe ?... Mais dites un peu ;
quels trésors avez-vous recueillis pour votre
musée pendant votre voyage? »

— « Quatre poissons pétrifiés du Vero-
nais; une petite urne de Scaliger... »

A peine Nardi eut-il commencé à parler

de son musée, que Pandolfini, feignant de
ne pas prêter beaucoup d'attention à la conversation, prit congé du philosophe, et en-
traînant doucement avec lui son compa-
gnon, lui dit, quand ils furent dans la rue :

« Malheur à nous, si nous avions attendu
la fin ! Nous n'aurions jamais pu éviter une
visite à son musée, dont il est si vain, qu'il
se fâche contre tous ceux qui ne le célèbrent
pas par les paroles les plus pompeuses, ne
s'extasient pas à la vue de chaque tête de
momie, et ne l'écoutent pas avec patience
discuter sur le plus mince scarabée. C'est
d'ailleurs un homme de qui l'inimitié est
fort dangereuse, car il n'y a pas de porte
fermée pour lui à la cour. »

Pandolfini avait raison. A la cour, les
éloges ne font que peu d'effet, parce que
l'on y est trop accoutumé, tandis que le
blâme fait un tort irréparable. C'est moins
encore la faute du lieu que de la nature humaine.

Près de la porte de la maison, ils trouvèrent attachée au cordon de la sonnette, et
magnifiquement harnaché, avec de larges

brides de cuir d'un jaune pâle, une housse dorée, ainsi que l'étaient les étriers, la mule doctorale du disciple d'Aristote. Egidio le contempla un moment, en songeant combien cet animal avait été sagement choisi pour servir de monture à ces pédans dont l'entêtement égalait le sien.

Quand ils eurent fait quelques pas, comme Egidio continuait à se taire, l'autre ajouta :

« Que pensez-vous du grand homme?»

— « Qu'il n'est pas de ceux dont l'aspect fait tort à la réputation. »

— « Et pourtant ce matin il a fait un effort sur lui-même; la douleur était visible à travers le sourire qui se montrait de temps à autre sur ses lèvres, et disparaissait comme un éclair. »

— « Qu'a-t-il voulu dire quand il s'est plaint que même du haut de la chaire, on pervertissait les saintes Ecritures pour l'outrager ? »

— « Il s'agit d'un père Caccini, dominicain, qui, en prêchant contre le système de Copernic, avait pris pour texte ces mots : *Viri Galilæi, quid statis aspicientes in cœlum?* Le but du sermon était de prouver que les mathématiques étaient une science diabolique, et que les mathématiciens devraient être chassés de partout, comme auteurs de toutes les hérésies. »

—« *Le philosophe ne s'en plaignit-il pas ?* »

—« Il s'adressa au père Maraffi, général des Dominicains, qui par bonheur était un homme de bon sens. »

—« Quelle réponse en reçut-il ? »

—« *Qu'il* était au désespoir d'un pareil scandale; que par sa position, il était malheureusement responsable de toutes les sottises que *pourraient* faire trente ou quarante mille moines. »

—« Ce n'est pas peu de chose. »

—« Et il ajouta que quoiqu'il connût l'homme, et qu'il se doutât de l'impulsion qui lui avait été donnée, il ne l'aurait pas cru capable de pousser si loin la folie. »

—« Il me semble que ce général se servait d'expressions assez fortes. »

—« Mais à quoi cela a-t-il servi? Le système de Copernic a été condamné : les moi-

nes le savent, et *les moines sont tout-puis-*
*sans.* »

Ce dialogue, tout court qu'il avait été,
rendit pensifs les deux amis qui descendaient ensemble la colline ; l'un à cause
de ce qu'il venait d'entendre, et l'autre à
cause de ce qu'il venait de dire. Mais
comme la curiosité d'Egidio allait toujours
en croissant, il continua à interroger Pandolfini.

« Le seigneur Galilée étant tenu en si
haute estime, croyez-vous qu'il ait quelque
violence à craindre de la part de ceux qui
machinent contre lui ? »

— « Il n'aura jamais rien à craindre tant
que vivra le sénateur Picchena, et quant à la
violence, je crois qu'il n'en sera plus question en Toscane ; mais on pourrait bien
lui faire parvenir quelque conseil, qui, partant de si haut, serait un ordre. C'est ce
qui est déjà arrivé, je crois, pour la chaire
de Pise. Il l'a abandonnée volontairement,
afin qu'elle ne lui fût pas ôtée. »

— « Que me dites-vous ? »

— « La simple vérité. »

— « Mais ce n'est pas là ce qu'on pense dans la Haute-Italie. »

— « Soyez certain que ceux qui sont au fait des affaires ne l'ignorent point; et si le public n'en est pas instruit, c'est parce que le seigneur Galilée ne l'a jamais dit, et que les hommes honnêtes qui entouraient Ferdinand comprirent sur-le-champ combien il était injuste d'apprécier si mal un pareil homme, et la faute énorme que l'on avait faite en le perdant. Ces pensées furent mieux senties et se manifestèrent plus ouvertement, quand on vit son nom passer de bouche en bouche, et être cité dans les ouvrages des premiers savans de l'Europe. »

— « Mais comment s'y prit-on pour le forcer à quitter sa chaire, après avoir fait de si belles découvertes ? »

— « L'expérience sur la chute des graves faite en public du haut du clocher incliné de Pise, et ses dissertations sur les oscillations du pendule, ne résistèrent pas au mécontentement de don Giovanni de Médicis. Celui-ci, qui s'occupait d'architecture civile et militaire, avait inventé une machine pour mettre à sec le port intérieur de Livourne. Le Gouvernement soumit le projet au seigneur Galilée, qui le désapprouva. Don Giovanni le sut, et lui jura une guerre éternelle (1). »

— « Le grand duc ne prit-il pas sa défense? »

— « Ferdinand savait peu de mathématiques, et il paraît que, dans ce temps-là, il ignorait le prix du plus grand homme qu'il perdait. »

— « Mais les Vénitiens l'accueillirent avec de grands honneurs ? »

— « Il ne s'y regarda pas moins dans un honorable exil; et tout annonce qu'il tenait sans cesse l'esprit tourné vers sa chère

---

(1) C'est là la pure vérité sur le départ de Galilée de Pise, et ce ne fut point comme le prétend un célèbre écrivain français : « Pour avoir enseigné » une nouvelle théorie sur la chute des graves..... » que ce novateur fut dénoncé aux magistrats et « forcé d'abandonné la ville de Pise. » Viviani en parle aussi en termes couverts.

*Florence*. Et comment en aurait il été au-trement? Il y était attaché par le souvenir des hommes qui l'avaient perfectionné dans des études moins importantes, car vous ne savez peut-être pas qu'il fait de fort bons vers, qu'il touche supérieurement du cla-vecin et qu'il joue encore mieux du luth. Il dessine en outre avec tant de goût, qu'on lui a souvent entendu dire, que si à son âge il lui était encore possible de choisir une profession, il prendrait celle de peintre. »

— « Croyez-vous que ce soit sérieuse-ment qu'il parle ainsi ? »

— « Non ; mais la force de l'expression indique l'état de son âme. Or, commé je vous disais, malgré l'injustice qui lui avait été faite et dont on eut une preuve mani-feste, par les mauvais succès de la machine de don Giovanni, quand on voulut s'en servir, il ne put jamais oublier la Toscane. Du reste c'est une chose commune parmi nous. Il y a bien peu de Toscans qui, loin des bords de l'Arno, ne soient pas comme les Suisses, attaqués de nostalgie. Toutes les fois qu'il venait passer ici les vacances, il ne manquait pas de présenter ses hommages aux souverains, de chercher à les captiver et surtout à s'insinuer dans l'esprit de madame Christine, qui avait toute puissance sur son mari et sur son fils. Notre philosophe voyait en outre avec plaisir la grande inclination du jeune Côme pour les mathématiques. Il se sentit heureux, lorsqu'après avoir quitté Florence, il reçut des lettres de la propre main de ce prince, ainsi que de Vinta, au nom de sa mère. Il reconnut alors que l'on avait l'intention de le rappeler, mais qu'on voulait s'y prendre d'une manière honorable. En conséquence, lorsqu'à tant d'autres belles découvertes, il joignit celle des satellites de Jupiter, il les nomma LES PLANÈTES DE MÉDICIS, disant qu'il fallait écrire les injures sur le sable et graver les bienfaits sur le marbre. »

— « Quelle en fut la récompense ? »

— « Mille écus, un collier d'or, de sincères félicitations de la part de Côme, qui l'aimait et l'admirait, et bientôt après l'invitation de retourner dans sa patrie à des conditions généreuses et honorables. »

— « Voila une conduite qui fait autant d'honneur au gouvernement qu'au philosophe. »

— « Et pourtant il ne manqua pas de gens qui le dissuadèrent d'accepter ces offres, en lui représentant l'estime qu'on avait pour lui à Padoue, la liberté dont il y jouissait et la situation précaire dans laquelle il allait se replacer en Toscane, où les mêmes causes qui déjà une fois avaient occasionné sa disgrâce, pouvaient d'un moment à l'autre se renouveler. »

— « Et qu'arriva-t-il après son retour en Toscane ? »

— « *Le grand duc et la grande duchesse* l'accueillirent avec beaucoup d'amitié. Madame Christine lui répéta de vive voix ce quelle lui avait fait écrire par Vinta, savoir, qu'elle le regardait comme le premier et le plus illustre mathématicien de la chrétienté; mais cela n'empêcha pas qu'il ne s'élevât de toutes parts des oppositions et des combats. Les péripatéticiens et les moines attaquèrent, selon leur coutume, l'existence des planètes de Médicis. Les premiers furent les professeurs de Pise ; ensuite ceux de Padoue, puis ceux de Rome. Ils s'entendirent pour se moquer de la découverte, disant qu'il fallait faire un télescope d'abord pour créer ces astres, et puis pour les montrer. Dans le nombre, César Cremonini ne voulut jamais les observer, pour ne pas être obligé de se dédire. »

— « C'est là une nouvelle manière de combattre les découvertes. »

— « Un noble Florentin, nommé Francesco Lizi, écrivit les plus grandes sottises contre le *Nunzio Sidereo*, et ayant fait imprimer son livre à Venise, savez-vous à qui il le dédia ? Devinez. »

— « A don *Giovanni de Médicis ?* »

— « Précisément. Mais l'amitié, ou, pour mieux dire, la protection de ce prince lui coûta cher. Etant allé en France, recommandé par lui à la reine Marie, il se trouva, après les malheurs du maréchal d'Ancre, mêlé dans les différends de la mère et du fils. Pour soutenir les droits de la première, il écrivit un pamphlet, dans lequel il comparait le roi Louis à Néron, parce qu'il avait, comme cet empereur, frappé son maître et empoisonné sa mère. Sizi ne *tarda pourtant pas* à se convaincre qu'on ne peut pas impunément déraisonner contre tout le monde. A peine eut-on découvert qu'il était l'auteur de ce libelle, qu'il subit un supplice misérable. »

En cet endroit de leur conversation, ils arrivèrent à l'entrée du Vieux-Pont, où ils se séparèrent, Pandolfini pour se rendre où ses affaires l'appelaient, et Egidio, pour profiter du temps qui lui restait afin de visiter dans l'église del Carmine, la grande chapelle de Masaccio, dont la renommée s'étendait si loin.

Le secrétaire de Picchena, qui s'était tu quand Galilée avait parlé des persécutions qu'il avait souffertes, pour ne pas l'aigrir davantage, n'avait pas cru devoir garder le même silence quand il se retrouva seul avec Egidio; car il ne voyait que trop que, depuis la mort du grand-duc Côme, cet illustre philosophe n'était plus vu du même œil à la cour; ce qui augmentait l'orgueil et l'insolence de ses ennemis. Picchena le pro-

tégeait encore à la vérité ; mais ce ministre
était si âgé, que sous ce rapport les espérances de ses amis ne tenaient qu'à un fil.

Après s'être séparé de Pandolfini, Egidio
réfléchissait douloureusement sur la mé-
chanceté des hommes, quand *Carafulla*,
qui avait vu dans l'antichambre le portrait
de Galilée, interrompit sa rêverie pour lui
dire :

« Pardonnez-moi, Monsieur : est-il vrai
que ce vieillard avec cette barbe de magicien voudrait nous faire croire que la terre
tourne et que nous tournons avec elle, y
demeurant attaché comme autant de four-
mis sur un ballon qui fend l'air ? »

— « Et s'il l'avait dit, qu'en penserais-
tu ? »

— « Je penserais que vous n'êtes pas assez simple pour le croire. »

— « Et si je le croyais ? »

— « Je croirais que vous le dites pour
vous moquer de moi. »

— « Mais si je le croyais vraiment ? »

— « Alors... pardonnez-moi, je dirais
que vous êtes encore plus fou que lui. »

— « Et par quelle raison? »

— « Par la raison que dans ces choses-là,
il ne faut pas d'algèbre pour savoir ce qui
en est. Mettez-moi un concombre sur la
tête, faites-moi faire une cabriole et voyez
s'il y restera. Si les puits avaient la bouche
en bas, ne se videraient-ils pas? et comment ferait-on alors pour boire?... Quant
à moi... »

— « Quant à toi, je crois que tu t'en in-
quiéterais fort peu, tant qu'il y aurait encore du vin dans la cave de l'auberge des
Singes. N'est-il pas vrai? »

— « Et qui vous a parlé des Singes? »

— « Oh! je sais tout, et je sais encore
plus que tu ne penses. Y a-t-il long-temps
que Monsieur n'a vu danser les chiens de
Paolino? »

« Comment! il sait aussi l'histoire des
chiens! » se dit en lui-même Carafulla.

— « Et Pippo del Castiglioni se porte-t-il
bien? et le géant de Cigoli? »

« Encore le géant et Pippo! Il sait tout, »
pensa l'estafier.

« Mais quant à l'homme à la jambe

rouge (1) continua son maître, le seigneur Zanobi me fera la grâce, toutes les
fois qu'il le rencontrera, de lui laisser passer son chemin, parce que ces messieurs
qui sont payés pour *toucher* les gens ont
trop de rapports avec d'autres moins céré-
monieux qui mettent la main sur eux.
S'il ne lui convient pas de m'obéir, il n'a
qu'à chercher un autre maître. »

Le pauvre Carafulla, pris en défaut au
moment où il s'y attendait le moins, ne
trouva rien à répondre; car il avait été le
soir précédent faire la sabatina chez Meo
Raguni. Il avait pris je ne sais quel prétexte pour sortir, mais Anguillotto, qui
mettait trop d'intérêt à savoir jusqu'à quel

---

(1) Les gardes du commerce qui *touchaient* les débiteurs avant que les magistrat ne pussent les faire
mettre en prison, portaient un bas rouge; ce qui
donnait lieu au cri, *regardez la jambe*, quand un
d'entre eux paraissait sur le marché Neuf, afin que
s'il y avait des débiteurs qui craignissent d'être
touchés, ils pussent se mettre en lieu de sûreté.

point Zanobi était fidèle, l'avait suivi. Il s'était informé des noms et qualités de ses camarades, auprès du garçon d'auberge, et avait tout rapporté à Egidio; mais il ne savait pas la meilleure partie de la scène.

Quant à Spillo, Anguillotto les avait vus lui-même causer ensemble non loin de l'Ange, et il en avait de même informé son maître.

En attendant, Lippi, qui descendait le pont de la Trinité, les ayant rencontrés au coin de la via Maggio, tira pour le moment Carafulla de peine.

Egidio et lui se saluèrent et renouvelèrent connaissance avec des paroles de courtoisie mutuelle.

Lorenzo apprenant qu'Egidio avait l'intention de visiter l'église del Carmine, offrit de l'accompagner, et lui proposa de le conduire d'abord chez son maître, qui était du petit nombre de ceux qui en honorant l'art qu'ils professent, honorent encore plus la nature humaine.

# CHAPITRE IV.



PEINTURE ET ARCHITECTURE.

Matteo Rosselli fut à Florence, pour l'a-
mour qu'il portait à ses disciples et pour sa
profonde connaissance dans les préceptes
de l'art, ce que Louis Carrache avait été
peu de temps auparavant à Bologne; si ce
n'est que la peinture marchant à grands
pas vers sa décadence, il ne fut pas en
état de la retenir, et d'en prévenir la cor-

ruption. Bien qu'il eût de bonne heure accoutumé son œil et sa main au simple, au correct et au vrai, ni la nature ni l'étude ne purent lui faire vaincre cette timidité qui rend les hommes toute leur vie imitateurs.

Dans tous ses tableaux, on trouve à peine une ombre d'imperfection quant au dessin. Les airs de tête sont beaux ; il y a un certain accord dans les dispositions et dans les couleurs qui charme au premier aspect, mais dans lequel on voit percer la manière ; et les figures, quoique belles, manquent de fermeté et de mouvement. Bien que ses préceptes, ainsi que ceux de Lodovico, fussent une semence qui fructifia amplement dans les ouvrages de ses disciples, qui le surpassèrent, on ne saurait disconvenir que Giovanni di San Giovanni, Furino et Volterrano ne soient restés à une grande distance au-dessous d'Annibal Carrache, le Dominiquin et le Guide.

Rosselli demeurait dans la via Maggio, non loin de la maison de Giulio Parigi, le plus célèbre architecte de son temps.

Comme ils montaient l'escalier, Giulio le descendait. Matteo l'avait reconduit jusque sur le palier et lui faisait les derniers complimens quand Lorenzo et Egidio parurent.

Quoique Lorenzo approchât de sa vingt-cinquième année, il baisa la main de Matteo qui voulut encore s'en défendre. Dans ce siècle les disciples ne rougissaient pas de regarder leur maître comme un second père. De tous ceux de Rosselli un seul fit exception Giovanni di San-Giovanni, aussi fut-il peu considéré dans sa jeunesse, et sa vieillesse se passa-t-elle sans être honorée.

Rosselli réunissait toute les vertus : la science, la modération, la sagesse, la pureté des mœurs et des manières si douces en enseignant, jointes à tant de noblesse et de gravité, que ce même cerveau fêlé de Giovanni fut obligé tant qu'il resta près de lui, de conserver au moins les dehors de la décence et du devoir.

Il accueillit les deux amis avec politesse, mais avec cette timidité naturelle aux hommes qui se sont entièrement dévoués à leur art, lorsqu'ils se trouvent avec des personnes qui ne sont pas dans leur intimité. Il n'avait point d'antichambre ni de salons qu'il fallût traverser pour arriver chez lui, comme chez les peintres modernes. Dans la première pièce était l'atélier, où se réunissaient tous les jeunes gens ; de là on passait dans une chambre moins grande où il travaillait lui-même, et en face on voyait sa modeste chambre à coucher, qui était ouverte. Dans cette demeure si simple il avait néanmoins été souvent honoré de la visite du grand-duc Côme, dont il avait pleuré la mort avec les larmes les plus sincères.

Dans la première salle on voyait aux chevalets les tableaux commencés de plusieurs de ses disciples. La conversation étant sur-le-champ tombée sur l'état des arts à Florence, et Egidio lui ayant demandé, quel était, selon lui, le meilleur de ses élèves, il répondit sans hésiter Giovanni di San Giovanni, donnant ainsi une grande preuve de la bonté de son caractère

5*

par la justice qu'il savait rendre à un ingrat
dont il avait eu grandement à se plaindre.

« Oui, continua Matteo, il en est venu
au point, et cela fort promptement, que je
n'ai eu plus rien à lui apprendre; mais
aussi il n'y a pas d'homme qui consentît
à supporter la fatigue, les dégoûts et la
peine auxquels Giovanni s'était condamné.
Lors des obsèques du grand-duc Côme, il
lui suffit de deux jours de travail pour
surpasser tous ses rivaux. Il est plus agréable et son coloris est plus riche que celui
de Furino; mais il ne parviendra jamais à la
fécondité des idées, à la beauté des visages, et au naturel qu'on trouve dans les
tableaux de celui-ci. Ce tableau que vous
voyez sur le chevalet, et qui est presque
achevé, est d'un jeune homme qui donne
de grandes espérances. Il n'y a pas long-
temps qu'il est arrivé ici de Volterra; à la
facilité du pinceau il joint une grâce on
ne saurait plus suave dans le dessin, et un
caractère précieux. Si ses progès répondent
à de pareils commencemens, je crois qu'il
nous surpassera tous, et qu'il se placera à

côté de Cristofano Allori et de Cigoli. Et notre ami Lorenzo, ajouta-t-il en lui donnant une petite tape sur l'épaule, pourrait aussi aller loin, s'il voulait ne pas oublier que les Muses sont femmes et jalouses, et que par conséquent il est difficile d'être à la fois grand peintre et grand poëte. »

« Je n'écris des vers que pour passer le temps, » répondit Lorenzo.

« Mais attendu que ce passe-temps exige une opération de l'esprit, reprit Matteo, conservez-la pour l'invention de vos tableaux ; ou bien abandonnez les pinceaux, et livrez-vous tout-à-fait à la poésie. C'est là le conseil que je vous donne. Les génies privilégiés sont fort rares ; il en coûte une peine infinie de devenir grand dans un art quelconque ; parmi cent personnes qui l'essaient, il y en a peu qui réussissent dans un seul : comment voudriez-vous d'après cela que cela fût possible dans deux ? »

« Mais parlons de vos propres ouvrages, dit Egidio. Quel est celui dont vous avez été le plus content ? »

— « Demandez-moi plutôt quel est celui

dont je suis le moins mécontent, et je vous répondrai que, d'après le jugement des personnes qui me veulent du bien, c'est la lunette du pape Alexandre, dans l'église de l'Annonciation. »

Il passa pour lors dans sa chambre et y prit un petit tableau représentant une jeune femme d'une rare beauté.

« Voilà, dit-il, la descendante du plus grand homme du monde. »

C'était le portrait, réellement divin, de Sestilia Buonarotti.

Il n'aimait pas à faire des portraits ; mais dans celui-ci il s'était surpassé lui-même, à cause de la vénération qu'il portait à la mémoire de ce grand homme, à qui rien n'était difficile et qui faisait tout également bien. Pendant qu'Egidio et Lippi le regardaient, il plaça devant eux deux autres petits tableaux peints en clair obscur. Dans le premier on voyait un vieillard composant, et qui paraissait attendre l'inspiration.

Lippi le reconnut sur-le-champ pour Michel-Ange, tant à sa physionomie qu'à

la marque qui lui était restée sur le nez du
coup de poing qu'il avait reçu de Torrigiano
pendant qu'ils étudiaient ensemble au
Carmine; et il regarda Rosselli comme pour
lui dire que celui-là avait bien su être à la
fois grand peintre et grand poëte, sans
compter le talent avec lequel il maniait le
ciseau et l'équerre.

Le maître ayant compris le regard de
Lorenzo, ajouta sur-le-champ:

« Oui, c'est ici Michel-Ange composant
des vers; et j'ai voulu le représenter ainsi,
afin de bien imprimer dans l'esprit des
jeunes gens qu'il n'y a jamais eu qu'un
Michel-Ange dans le monde, et que ni les
Grecs ni les Romains ne peuvent se vanter
de posséder un homme tel que lui. Le voici,
continua-t-il en montrant l'autre petit tableau, rentrant dans sa patrie au moment
du plus grand danger pour fortifier la ville
contre les troupes sacriléges de Charles-
Quint, qui, en revenant de Rome où elles
avaient tout saccagé, violé les vierges dans
le sanctuaire et dispersé dans les rues les
saintes espèces du sacrement, vinrent

camper autour de notre malheureuse Florence! »

Il n'eut pas la force d'en dire davantage et après un moment de silence, il ramena la conversation sur la peinture. Il observa que ces deux tableaux devaient entrer dans la galerie que le petit-fils de Michel-Ange élevait à la gloire de son aïeul.

« Je ne connais aucun génie, poursuivit-il, qui puisse, même de très-loin, se comparer à celui de Michel-Ange, si ce n'est peut-être celui de Giulio, de ce vieillard qui vient de me quitter. Mais la plupart de ses belles inventions, au grand dommage des arts, brillent un instant et disparaissent comme des feux d'artifice. Michel-Ange travaillait dans le marbre, sous l'inspiration de ce grand Laurent, tandis que Giulio, à cause des malheurs des temps, ne fait ses ouvrages qu'en argile, en plâtre ou en carton.

» Il y a quelque temps qu'il a fait des décorations pour les fêtes du mariage de notre princesse avec le duc de Parme. Allez voir les machines qui se conservent encore

et qui sont merveilleuses. Je vous certifie
que je n'ai eu de ma vie de plaisir aussi vif.
Le débarquement de Vénus avec sa cour,
conduite par Zéphyre sur nos rivages; la
naissance des Feurs arrosées par les eaux
de l'Hippocrène et le ballet des Vents, furent réellement des représentations magi-
ques. Lisez-en la description, et je suis sûr
que, quoique vous n'ayez pu les voir, vous
éprouverez du plaisir par le seul effet de
l'imagination. Je pourrais citer encore bien
des ouvrages de ce genre qui vous prouve-
raient que mon ami est un des plus grands
génies qu'il y ait maintenant en Europe.
Du reste, il est fort heureux que, par l'ordre
des grandes-duchesses, il s'occupe de la
réédification de la villa Baroncelli, qui de-
meurera au moins un monument durable
de la fécondité de son imagination.

» C'est encore lui qui a inventé l'art de
graver à l'eau-forte sur le cuivre des figures
d'une petitesse extrême, de manière à représenter dans l'espace le plus exigu les
sujets les plus vastes. On recherche beaucoup ses estampes, de même que celles

d'un de ses meilleurs disciples, Jacques Callot, venu exprès de Rome pour étudier sous lui.

» Quant à l'architecture, il égale son oncle Ammanoti. Grand mathématicien, grand mécanicien, habile architecte militaire, on voit rassemblée à l'école qu'il a ouverte dans sa maison, où l'on professe ces diverses sciences, non-seulement toute la noblesse florentine, mais encore celle des nations les plus éloignées, qui vient se loger à Florence pour écouter, admirer et s'instruire aux leçons de Parigi.

» Ce matin même il lui est arrivé une aventure qui montre combien une bonne semence peut profiter dans une terre qui au premier aspect paraît la moins propre à la faire fructifier. Il est venu m'inviter à dîner avec lui, en compagnie d'un colonel allemand, arrivé depuis peu à Florence avec une suite nombreuse de domestiques en livrée. Quand il est descendu à l'Ange, tout le monde a cru voir en lui un grand personnage. »

« Je l'ai aussi remarqué , » observa Egidio.

— « Savez-vous quel est ce colonel ? C'est son ancien moucheur de chandelles. Obligé par son état à entrer souvent dans la salle du cours, il s'y tenait tranquille et silencieux, mais profondément attentif à tout ce que Giulio disait ou faisait, puis quand la nuit venait il réfléchissait à part lui sur ce qu'il avait vu et entendu, et s'instruisait ainsi par degrés.

» Au bout de quelque temps il partit, et prit du service en Allemagne. Un jour le mestre-de-camp lui donna ordre de faire certaines tranchées ; mais comme il paraissait peu disposé à obéir, on lui demanda s'il n'était pas d'avis de les ouvrir, et il répondit modestement qu'il ne les croyait pas bien placées. Le commandant, piqué, lui dit pour lors , afin de se moquer de lui, de faire à son gré ; ce qu'il fit en donnant de si bonnes raisons de ses idées, que son officier l'ayant pris en amitié, le fit monter promptement aux grades les plus élevés.

» Or, ce matin, Giulio , en sortant de la

messe du Saint-Esprit vit venir à lui le colonel. Cet étranger, qu'il ne reconnaissait
nullement, l'ayant salué et lui ayant demandé des nouvelles de sa santé, il lui
répondit par des paroles de politesse vague,
à quoi le colonel reprit : Seigneur Giulio,
mon intention est de venir dîner aujour-
d'hui avec vous ; voulez-vous me recevoir?
Puis l'ayant embrassé et baisé sur le front,
il ajouta : Je suis votre ancien serviteur,
qui suis devenu ce que vous voyez, par
suite de ce que j'ai appris en vous écou-
tant.

» Je vous laisse à penser si Giulio fut
surpris et content de ce qu'il entendait.
Laissant donc le colonel avec ses enfans,
qui, comme vous le savez, Lorenzo, sont
au nombre de sept et tous vertueux, il est
venu m'inviter, et je sais qu'il en a fait autant à quelques autres amis, afin de les
rendre témoins de la joie qu'un événement
si extraordinaire cause à sa famille et à ses
principaux disciples. »

Ici Rosselli se tut ; mais ayant entendu
dire à Lippi qu'il avait l'intention de visi-

ter avec le seigneur étranger la chapelle de Masaccio, il reprit la conversation en entendant sonner midi, et leur dit :

« Comme je dînerai aujourd'hui plus tard qu'à l'ordinaire, tant à cause du colonel que parce que Giulio a des visites d'invitation à faire, je vous accompagnerai jusqu'à l'église del Carmine ; car je ne puis me lasser de contempler et d'admirer ces murs qui furent en quelque sorte la croix de par Dieu de Michel-Ange, de Léonard de Vinci, d'Andrea del Sarto, de Raphaël et del Frate ! »

Se tournant ensuite avec un doux sourire vers Lippi, il ajouta :

« Qu'en penses-tu ? Voilà cinq contemporains, tous bien grands, qui ont rempli le monde de leurs noms, et quatre d'entre eux sont florentins ; mais maintenant... »

« Maintenant, répondit Lippi, si nous exceptons les Bolonais, nous sommes tous pauvres en Italie, et les Florentins ne sont inférieurs qu'à ceux-là. »

— « Mais nous sommes inférieurs à ceux-là, et c'est un grand chagrin pour moi. »

Il prit son manteau et son béret, tout en poursuivant :

« Et que faut-il penser de ce Carlino? Il tourmente trop la surface de ses tableaux; mais pour le soin il est admirable. Quant à moi, j'avoue que je l'envie à Vignali ; mais s'il était venu à moi, je l'aurais placé à côté de Volterrano; en tempérant la trop grande négligence de l'un par le soin extrême de l'autre, me servant d'un frein pour le premier et d'un éperon pour le second, je ne doute pas que je ne fusse parvenu à les rendre tous deux excellens. »

Ils étaient arrivés à la place du Saint-Esprit, et la dernière messe finissait.

« Entrons pour un instant dans l'église, dit Matteo; c'est toujours ici pour moi le plus beau temple du monde. Quelle grâce d'architecture! quelle légèreté! quel charme dans les formes! L'ordonnance en est si belle, qu'il serait impossible de mieux réunir la richesse et les ornemens à l'élégance et la simplicité. Même dans les jours ouvrables, j'y viens souvent; car il me semble que les prières d'un artiste ont de la peine à élever son cœur jusqu'à Dieu, lorsque ses yeux sont blessés par le ridicule des ornemens qui les frappent. Mais ne perdons pas de temps. »

Ils ressortirent donc de l'église par la grande porte, et ayant traversé la place, ils arrivèrent en un clin d'œil au Carmine.

Ils trouvèrent l'église fermée, parce que l'on y préparait la décoration pour la canonisation du bienheureux André Corsini, évêque de Fiesole, précédemment religieux de l'ordre des carmes. Ils furent donc obligés de passer par la porte du couvent, et ils purent examiner cette célèbre Consécration, qui, après avoir fait l'admiration des plus grands artistes, ayant été exposée aux intempéries de l'air, parce que là où les belles choses sont en si grand nombre on n'est pas fort soigneux à les conserver, commençait déjà à se détériorer. On ignore ensuite par quelle indigne résolution d'un architecte imbécile et d'ordonnateurs plus imbéciles encore qui le permirent, cette merveille de la peinture fut enlevée de sa place, et jetée par terre.

On travaillait alors dans les cloîtres aux vingt tableaux en clair-obscur qui devaient représenter les actions de la vie et les miracles du saint. Matteo s'étant approché d'un peintre peu célèbre, dont le nom n'est pas parvenu jusqu'à nous, et regardant son travail qui paraissait achevé, lui donna un coup sur l'épaule, et lui dit:

« C'est fort bien! une bonne copie vaut mieux qu'un mauvais original. »

« Que voulez-vous dire? » s'écria le peintre, qui avait entendu ces paroles avant de se retourner, mais qui, en reconnaissant Roselli, se leva par respect.

« Je veux dire, reprit Matteo, que vous avez fort bien fait d'adopter le plan de la Consécration, parce que s'il arrive que l'air, le temps ou quelque accident fasse périr le tableau de Masaccio, votre idée subsistera, puisque l'on assure que ces décorations doivent toutes se graver, et qu'un homme d'esprit, bien versé dans sa langue, y doit joindre un texte explicatif. »

Le peintre voulut répliquer que ce qu'il faisait lui semblait plutôt une imitation qu'une copie ; mais déjà Matteo et ses compagnons avaient passé dans l'église.

Il serait difficile de peindre le désordre qui y régnait lorsqu'ils entrèrent : d'un côté des bancs empilés les uns sur les autres et des confessionnaux renversés, de l'autre des échelles grandes et petites, et des échafaudages ; ici une décoration terminée, là une autre à peine ébauchée ; des toiles suspendues aux corniches, des cordes se balançant dans l'air, et destinées à recevoir les lustres et les insignes.

Partout il y avait des poulies de toutes grandeurs, des cordons, des lustres, des grues, des roues, des moulinets, des clous, des marteaux, des scies, des rabots, des établis.

Le bruit des ouvriers qui montaient et descendaient les échelles, qui tournaient les roues, qui enfonçaient des clous, produisait par l'élévation des voûtes un murmure qui, sans être assourdissant, tourmentait l'oreille par sa continuité.

Le père Adimari, carme, et son frère

Alessandro se promenaient gravement dans
l'église, indiquant et expliquant aux curieux les anagrammes déjà écrits, et qui
devaient se mettre sous les tableaux qui se
peignaient dans les cloîtres : triste monument de tant d'inutiles efforts d'esprit, auxquels les savans de ce siècle perdirent un
temps précieux, mais qui par bonheur fut
le dernier dans une ville, laquelle, à un
petit nombre d'exemple près, se conserva
pure au milieu de la corruption dont tout
le reste de l'Italie fut souillé.

Au sein de ce bruit continuel et de ces
allées et venues, ils ne purent que faible-
ment jouir du plaisir de contempler la belle
chapelle Branacci ; néanmoins Matteo en
fit remarquer à Egidio les parties les plus
dignes d'attention, et lui indiqua celles auxquelles ils l'engageait d'en prêter le plus
lorsqu'il reviendrait dans un moment plus
favorable.

Ils sortirent de l'église, et repassèrent
par les cloîtres, où le peintre qui avait dé-
robé le plan de la Consécration ne se trouvait plus. Matteo prit congé d'eux, et se

dirigea à droite vers la rue dei Serragli pour aller dîner chez Giulio Parigi. Egidio et Lorenzo restèrent seuls, et comme ils descendaient la place del Carmine :

« Cet homme, dit Lippi, est bien plus remarquable qu'il ne le paraît au premier abord. Il gagne beaucoup à être connu. Dans le commencement il est timide, mais quand il vient à parler de son art, il se laisse emporter par sa fougue, et il met dans ses discours de la force et de la facilité. Sa science est grande et les qualités de son âme plus grandes encore. Avez-vous remarqué la manière dont il a parlé de Giovanni di San Giovanni? Et pourtant il a bien des raisons d'en être mécontent. Giovanni a quitté son atelier d'une manière inconvenante, et donne à entendre en toute occasion qu'il se regarde comme au-dessus de lui. Son maître le lui a pardonné et a fait semblant de n'en rien savoir. Pendant qu'il travaillait encore chez lui, il trouva moyen, à son insu, d'obtenir la faveur de peindre la chapelle de la Crocetta, et il la commença et la termina sans lui demander une seule fois

conseil. Je crois bien qu'au fond de l'âme
Matteo a été blessé de cette ingratitude; mais
il n'en fut pas moins charmé de la réputation que cet ouvrage valut à Giovanni; il
ne manqua pas de l'aller voir, et de le louer
comme un des plus beaux génies de notre
siècle. En agissant ainsi, il s'est montré encore plus généreux et plus grand que Calvart, qui pleura d'attendrissement en bai-
sant les mains du Guide qui avait été son
disciple; car enfin Calvart avait frappé le
Guide et l'avait forcé à se sauver de chez
lui, tandis qu'il n'y pas de caresses que Rosselli n'ait faites à Giovanni. »

Quand le peintre les eut quittés, Lorenzo reconduisit encore Egidio jusqu'à sa
porte. Celui-ci pressa cette fois vivement
son jeune ami de dîner avec lui en famille.
Lorenzo accepta, tant parce que l'invitation lui parut sincère que parce qu'il était
assez curieux de connaître la comtesse
Bianchi.

« Il ne faut pas vous attendre, lui dit
Egidio, à faire un dîner fort gai : ma

femme est d'une tristesse qu'elle a bien de la peine à vaincre. »

Afin de donner des motifs raisonnables à cette tristesse, il renouvela le conte qu'il avait déjà fait à l'hôte de Bologne, d'un enfant qu'ils auraient perdu pendant le voyage.

Lorenzo plut à Gertrude, parce qu'il était d'une figure agréable, que sa conversation était spirituelle et qu'il était du nombre de ces gens qui, déposant dès le premier abord la gravité, invitent à les traiter sans cérémonie. Gertrude lui parut belle, et il lui aurait rendu plus de justice encore si son âme n'eût déjà brûlé d'une flamme plus noble :

# CHAPITRE V.

## ORGUEIL PUNI.

Quand ils se furent mis à table, Gertrude au millieu, Lorenzo à sa droite et Egidio à sa gauche, Carafulla se tenant derrière eux pour servir, et Anguillotto au buffet faisant le maître d'hôtel, pendant que le garçon de l'auberge allait et venait avec les plats, Egidio commença la conversation en ces termes.

« Vous avez du vin excellent dans votre
ville. »

« *Bacchus amat colles*, répondit Lorenzo,
et la Toscane est pleine de collines. »

— « Il faut convenir en outre que, même
dans cette auberge, la vie n'est pas chère,
pour un pays où le sol est peu fertile. »

— Cela dépend de la discrétion. Aussi
ne voit-on pas maintenant de ces fortunes
subites qui font demander aux spectateurs
d'où elles sont venues, à quoi l'on ne peut
répondre qu'en haussant les épaules. Sous
la république il en était autrement; mais
aujourd'hui tout le monde se contente de
l'aisance. »

— « Le sénateur Picchena m'a pourtant
parlé de dépenses faites par le vieux Ferdinand et qui pouvaient se comparer aux pro-
fusions d'un roi de Perse. »

— « Ferdinand était sage; il avait trouvé
un trésor immense et il sentit qu'en le
tenant renfermé, il occasionerait peu à
peu la ruine du pays, commencée sous
Côme, et qui avait avancé à grands pas
sous François. Cela est si vrai qu'entre les

années 1530 et 1550 la population avait
diminué d'un cinquième. »

— « Serait-il possible? »

— « Mais depuis l'an 1600, époque du
mariage de la reine Marie, jusqu'aujour-
d'hui, non-seulement elle a regagné ce
qu'elle avait perdu, mais encore sept ou
huit pour cent sur le total. »

— « Comment se fait-il que vous soyez
si exactement informé de ces détails? »

— « Je suis lié avec un des ecclésiastiques
qui administre le baptême dans l'église de
San Giovanni. »

— « Vous croyez donc..... »

— « Je crois, comme tous les hommes
qui raisonnent, que cet effet est dû aux
sommes répandues dans la nation par le
grand Ferdinand. Elles y occasionèrent
un changement total, ce dont vous voyez
une preuve dans l'air de contentement et
de satisfaction qui règne sur tous les
visages. Je n'ai point le désir de faire la
satire de la conduite de François; mais je
suis convaincu que si la chose avait conti-
nué sur le même pied encore dix ans, il

aurait pu faire murer Florence ; car tandis
qu'il donnait lui-même l'exemple des mau-
vaises mœurs, un couvent de moines n'aurait pas pu être plus triste ni plus réservé
que la ville. Quant au vœu de pauvreté,
il était inutile d'en faire, car tout le monde
était réduit au même point. Je ne parle pas
même de la loi polvérine qui s'exécuta sous
son règne avec une rigueur peu ordinaire. »

— « Quelle était cette loi ? «

— « C'en était une qui emportait la peine de
confiscation générale pour les crimes d'état.
Elle avait été nommée ainsi d'un ser Jacopo
Polverini qui l'avait proposée à Côme I<sup>er</sup>.
Dans la seule conjuration des Pucci,
les confiscations montèrent à plus de
trois cent mille écus ; et pourtant, malgré tant de rigueur, jamais les crimes ne
furent plus nombreux, les abus de pouvoir
plus crians, la misère plus générale. Dans
la seule ville de Florence, on compta 186 as-
sassinats en dix-huit mois. Maintenant, au
contraire, les prisons sont presques vides ;
et en dépit de huit ans de régence, nous
sommes tous gais, tous tranquilles, et vous

voyez qu'il y a peu de pauvres dans les rues. D'où cela provient-il? De l'égalité des fortunes et d'un peu de superflu dont jouissent même les conditions les plus humbles; de sorte qu'il n'y a pas un marchand de laine, pas un mercier, pas un charcutier, qui ne veuille avoir chez lui un petit tableau de la Madone et le portrait de son fils, s'il se fait prêtre ou docteur. »

— « Que le ciel préserve le charcutier de demander un portrait à votre vieux peintre d'oiseaux! Tous les saucissons de sa boutique y passeraient. »

— « A propos, je sais un autre tour qu'on lui a joué et qui vaut celle du saucisson. »

— « Racontez-nous-la de grâce. »

— « Il avait un figuier auquel il était si attaché que la clef du jardin ne quittait jamais la ceinture de sa servante Catherine. Mais à quoi ne parvient pas l'industrie?

» Un jour pendant que Jacopo était sorti et Catherine au marché, un paysan se présente de la part d'un curé qui faisait peindre par lui un tableau d'église, et

qui lui envoyait un cadeau de fruits. Les
jeunes disciples font asseoir le paysan, lui
disent que sans doute il est fatigué, lui
proposent de lui laver les pieds et commencent par lui ôter ses gros souliers ferrés. Le
brave homme était confus de se voir traité
avec des égards qu'il n'avait jamais éprou-
vés. Un des jeunes gens lui porte le baquet,
un autre l'eau, pendant que le plus leste,
mettant ses gros souliers, descend par une
échelle dans le jardin, monte sur le figuier
et y fait place nette. Puis au plus vite ayant
dépêché le paysan, ils le renvoient afin
que la servante, en revenant du marché,
ne le trouve pas à la maison.

» Jacopo étant rentré et Catherine étant
allée un peu avant l'heure du dîner pour
cueillir des figues pour le repas de son
maître, n'en trouva pas même de vertes sur
l'arbre. A cette nouvelle la colère monta au
visage du vieillard et il commença par lui
faire des reproches de ce qu'elle s'était
laissé enlever la clef. Catherine jura que
cette clef n'avait pas quitté un instant le
trousseau, qu'elle portait constamment à

sa ceinture. Jacopo descend pour lors au
jardin, la langue pendante hors de la bouche, comme les chiens au mois d'août, de
rage et d'envie de retrouver ses figues. Il
ne fut pas long-temps à reconnaître sur le
terrain des traces de souliers. Ah! ah! mes
petits messieurs, dit-il en se tournant vers
la fenêtre où ses élèves se cachait à moitié
la tête en riant sous cape, le diable apprend à faire le mal, mais non pas à le cacher. Cette fois le coupable paiera les
figues et le saucisson! Il appela donc Catherine, en lui disant de faire descendre
tous ces diables incarnés. Ils arrivèrent
en pouffant de rire, mais en se retenant
tant qu'ils pouvaient pour ne pas se découvrir. Il les fit défiler le long du mur;
et les appelant un à un, il enleva à chacun
un soulier qu'il mesura soigneusement
avec l'empreinte laissée par celui du paysan.
Vous pensez qu'aucun n'y répondit; de sorte
qu'il en fut pour sa colère, sa peine et les
railleries qu'il fut obligé d'essuyer. »

« Vos Florentins sont fort gais, » dit
Gertrude.

« — « Ils l'ont toujours été, et quand ils n'ont pas pu se défendre avec les mains, ils se sont servis de la langue. Mais personne n'a encore égalé, pour la finesse qu'il met dans ses bons tours, un certain Pippo, surnommé del Castiglioni. On en raconte de lui par douzaines. »

« Veuillez nous en dire quelques unes, » reprit Gertrude, qui commençait à prendre goût à la conversation.

« Le curé de Varlungo, qui était son ami, invita un soir Pippo à souper, afin de se moquer de lui, parce qu'une fois sorti de la porte, il ne pourrait plus rentrer à Florence, et aurait été obligé de se passer de souper. En effet, à vingt-trois heures sonnées, le curé sortit du presbytère, ferma sa porte en dehors, et se rendit chez un de ses amis pour lui demander à souper. Cependant Pippo arrive, il frappe, personne ne vient ouvrir ; il frappe encore, pas de réponse. Devinant sur-le-champ ce qui en était, et connaissant tous les amis du curé dans les environs, il imagina le moyen de faire retomber la plaisanterie sur lui. Il

monta donc sur le toit du presbytère, et y
porta cinq ou six bottes de paille. Il mit le
feu à la première, et commença à sonner
la cloche; puis à la seconde, puis à la troisième, en continuant toujours à sonner. Le
curé, qui de la maison où il soupait entendit le bruit, se mit à la fenêtre, et voyant
brûler le presbytère, n'eut rien de plus pressé
que de quitter le repas, et de rentrer chez
lui. Pendant ce temps, Pippo, après avoir
mis le feu à la dernière botte, descendit
du toit, et, par un sentier de traverse, arriva précisément à la maison d'où le curé
sortait. Il y raconta l'aventure, et man-
gea le souper de celui qui avait voulu le
faire coucher le ventre creux. Cependant
le curé étant arrivé au presbytère et n'entendant plus sonner, ne voyant plus de feu,
se mit à tourner autour de la maison, où il
ne tarda pas à découvrir l'échelle qui avait
servi à Pippo pour monter et pour descendre; y étant monté à son tour, il vit les
débris de paille brûlée. Aussitôt il se frappa
le front, et s'écria comme le héros troyen,
en voyant Rhésus mort à côté du char, et

ses chevaux enlevés : A ce trait, je reconnais
Pippo ! »

« C'est vraiment fort ingénieux ! » dirent
en même temps Egidio et Gertrude.

— « Une autre fois, il avait commis je ne
sais quelle faute, pour laquelle le grand-duc
Côme, voulant le punir par une petite mor-
tification, le fit appeler dans la matinée du
jeudi gras, et lui remit une lettre qu'il devait porter au secrétaire des Huit. Il y a
la peine des galères pour ceux qui ne re-
mettent pas sur-le-champ les lettres de l'autorité supérieure. Pippo sentait bien que
c'était celle de Bellérophon qu'on venait
de lui remettre ; mais comment s'en tirer ?
Il se mit en route comme les enfans qui
vont à l'école ; c'est-à-dire qu'il faisait deux
pas en avant et un en arrière ; il arrive ainsi
tout doucement au côté du Marché-Neuf,
qui regarde la Vacchereccia. Tout à coup il
voit sortir sur la droite de l'allée de l'auberge
du Buco, le petit Allemand, comme lui
bouffon du palais. Eh ! eh ! lui cria-t-il,
Josaphat ! Josaphat ! viens par ici ; son altesse est très-pressée de faire parvenir cette

lettre au secrétaire des Huit, et je meurs de faim. Pendant que j'entre dans cette auberge et que je mange un morceau, fais-moi le plaisir de la porter bien vite. Je t'attendrai pour avoir la réponse, et nous boirons chopine ensemble. Le pauvre Allemand, ne sachant pas quel est le contenu ordinaire des lettres de cette espèce, s'empressa de la porter; mais il est aussitôt pris et mis sans façon au cachot. Dans l'a-près-dînée, Pippo se travesti t; il prend de superbes habits de femme, se met de fausses moustaches, et à l'heure de la promenade, se présente sans masque à Santa-Croce. Tous les enfans, tous les curieux l'entourent et cherchent à le faire rire; mais il s'avance vers la place avec autant de sérieux que s'il eût été Caton le censeur. Cependant le grand-duc vint à passer en carrosse, et voyant tant de monde rassemblé autour d'un masque, il demanda ce qu'il y avait de beau; les estafiers partirent et vinrent rapporter au prince que c'était Pippo, vêtu en femme, avec des moustaches, qui faisait rire tout le monde, sans

rire lui-même. Ce ne peut pas être Pippo,
dit le grand-duc, regardez-y mieux. Les estafiers revinrent avec la confirmation de ce
qu'ils avaient dit. Pendant ce temps, Pippo
s'avançait lui-même en disant : C'est moi,
votre alteste, c'est moi; mais soyez sans inquiétude pour la lettre, elle a été remise en
mains propres : c'est l'Allemand qui l'a por-
tée. Le grand-duc ne put s'empêcher de rire,
et donna l'ordre de remettre Josaphat en
liberté. Celui-ci, dans le premier moment,
voulait tuer bêtes et chrétiens; mais Pippo
lui ayant fait observer qu'un pieux chevalier ne pouvait pas envoyer un cartel à une
dame, l'engagea à attendre le premier jour
du carême, offrant de se battre alors avec
lui, soit à coups de poings, soit à coups de
pierres. En attendant, le géant de Cigoli,
l'aveugle Paolino et d'autres amis s'empa-
rèrent de l'Allemand; et, avec le secours de
Giovanni di San Giovanni, ils l'entraînèrent
malgré lui à l'auberge des Singes, et au
milieu du cliquetis des verres et des *ris-
petti* qu'entonna Paolino, ils lui firent faire
la paix avec Pippo. »

— « Comment! Giovanni di San Giovanni en était aussi ?

— « Ce n'est même que parmi eux qu'il se trouve dans son véritable élément. Tout Florence se rappelle le tour qu'il a joué aux employés des Huit. Je vais vous la raconter, car le récit n'en sera pas long.

» Giovanni avait donné de la satisfaction au grand-duc Côme, par un tableau qu'il avait peint pour une petite maison de plaisance ducale, et le prince voulant lui témoigner son contentement, l'engagea à lui demander quelque grâce. Giovanni, loin de profiter de la circonstance, comme l'aurait fait un autre, demanda seulement la permission d'aller chasser à l'oiseau dans les réserves des Cascines. Le grand-duc sourit de la modestie de cette demande, et lui fit expédier la permission. Voilà donc qu'un dimanche, Giovanni s'habille plus simplement qu'à l'ordinaire, entre dans les réserves, tend les rêts et commence sa chasse. Sur les dix heures voyant de loin les sbires, il serre à la hâte les objets qui lui ont servi et fait mine de vouloir s'en aller. Ceux-ci, le croyant en contravention, arrivent en un moment sur lui, et le caporal lui demande ce qu'il fait là. Je chasse, répond Giovanni. — Et comment êtes-vous entré dans les réserves? — Parce que mes jambes m'y ont porté. Poursuivant toujours sur le même ton, il se laisse mettre les menottes et conduire à la ville sans faire la moindre résistance. Ils entrèrent par la porte al Prato : ils passèrent par Borgo Ognissante, Parione et Porta Rossa, et se trouvèrent sur le Marché-Neuf au moment du plus grand concours de peuple. Ses connaissances, le voyant au milieu des agens de la police, demandèrent pour quelle faute on le conduisait au Bargello. Le plus hardi des sbires répondit qu'on l'avait trouvé chassant sans permission dans les réserves ducales.

» Que dites-vous? s'écria Giovanni ; j'ai ma permission en bonne règle, souscrite de la main même du grand-duc. — Et pourquoi ne nous l'avez-vous pas dit là-bas? reprit le caporal en faisant signe qu'on le lâchât. — Parce que vous n'auriez

pas été comme à présent sifflé par tout le
Marché-Neuf. En effet, il s'éleva une si terrible tempête de sifflets et de hurlemens,
que ces pauvres sbires se sauvèrent du
mieux qu'ils purent, et se dispersèrent dans
toutes les ruelles voisines. »

« La plaisanterie est bonne, dit Egidio ;
mais il me semble qu'elle ne convient pas
à un homme de la profession et du mérite
de Giovanni. »

— « Mais Giovanni fait exception en tout.
Il dort tout habillé, mange quand les autres dorment, travaille quand les autres
mangent, et semble se faire gloire de sa
bizarrerie. »

« Et quel est ce géant de Cigoli dont
vous venez de parler?» demanda Gertrude,
qui, dans la vie monotone et triste qu'elle
menait, prenait de plus en plus plaisir aux
récits de Lorenzo.

— « C'est un homme qui a été précisément hier au soir l'objet d'une des meil-
leures plaisanteries de Pippo ; mais je vous
ennuierais sans doute en vous la racon-
tant. »

« Nous y voici, » se dit Zanobi en lui-
même, mais il garda son sérieux.

« Dites, dites, reprit Gertrude ; vous me
ferez au contraire un fort grand plaisir. »

— « Vous saurez donc que ce soi-disant
géant est un nain, originaire du petit endroit qui fut la patrie du célèbre peintre,
ami du seigneur Galilée, et que, du lieu de
sa naissance, on a nommé Ludovico de
Cigoli. Etant employé à la cour et se donnant d'après cela de fort grands airs, Pippo
a voulu faire à ce géant une leçon de modestie. En conséquence il l'a fait inviter à
souper hier au soir... »

« Où ? » demanda vivement Egidio.

— « A l'auberge des Singes. »

Egidio regarda Carafulla, qui leva la
tête, et porta les yeux en l'air comme pour
compter les poutres.

« Pourquoi regardez-vous ainsi en l'air,
seigneur Carafulla ? » demanda Egidio.

— « J'aperçois une araignée qui va tom-
ber dans votre assiette, Monsieur, si vous
ne la faites pas enlever. »

— « Bravo, bravo ! Et quels ont été les

acteurs de cette comédie? » ajouta-t-il en s'adressant à Lorenzo.

— « Je ne les connais pas tous, mais je sais qu'il y avait Paolino et Cecchino del Sere, l'inventeur de la barque des Ruinés, Bathasar, le joueur de marionnettes, Rosaccio et d'autres, parmi lesquels un Florentin, revenu depuis peu de temps en Toscane, ne s'est pas montré le moins ardent à se moquer du pauvre géant. »

— « Seigneur Carafulla, connaissez-vous par hasard ce Florentin? »

— « Oui, Monsieur, mais je ne crois pas avoir fait si grand mal, puisque je ne suis sorti de la maison qu'après que monsieur le comte et madame la comtesse se furent mis au lit. »

— « Mais s'il nous était survenu quelque incommodité subite, Anguillotto ne connaît pas la ville. »

— « Il ne pouvait pas vous en survenir. »

— « Pourquoi pas? »

— « Parce que j'avais recommandé à Saint-Antoine de vous conserver tous en paix et en tranquillité pendant la nuit. Je m'étais d'ailleurs entendu avec le garçon d'auberge Noferi, qui aurait été à vos ordres en toute occasion. »

— «Cela n'est pas mal arrangé; mais, à l'avenir, on ne sort plus de la maison sans ma permission. »

— « Comment! jamais? »

— « Jamais. »

— « Nous sommes donc, Monsieur, dans le cas de détremper dans de l'eau le pain trop salé d'autrui. »

Egidio fit semblant de ne pas entendre, et poursuivit :

« Et puis je ne veux absolument pas que tu fasses société avec des sergens. »

— « Je ne m'étais adressé, Monsieur, qu'un seul moment à Spillo, pour lui demander des nouvelles de mon ancien maître Sandro. J'avais fait sa connaissance il y a six ans, quand un samedi soir il me *toucha* moi, au lieu de mon maître. »

— « Voici encore du nouveau. »

— « L'aventure n'est pas nouvelle; il y a

long-temps que je vous l'aurais racontée,
si vous m'aviez permis de parler. »

— « Raconte-la donc maintenant... avec
votre permission, seigneur Lippi. »

— « Vous saurez donc qu'un samedi soir,
mon maître Sandro, qui demeurait aux
Bovinate... »

« La rue est bien choisie, » dit Egidio.

Tout le monde sourit : Zanobi continua :

« Il venait de recevoir du seigneur Pietro
Tacca, chez qui nous avons été dimanche
passé, quatre piastres, pour avoir travaillé
aux fers du cheval du roi Philippe. Nous
descendions par les Pinti, je marchais à
côté de lui, car il me traitait sans cérémonie, lorsque dans la rue dei Pilastri, il rencontra le charcutier dont la boutique est
en face, et qui lui demanda avec instance
le solde de son compte. Sandro lui donna
une piastre et le renvoya en murmurant.
Après avoir passé l'hôtel de Vernaccia,
voici venir le boulanger, qui lui demande
le paiement du pain qu'il lui fournissait à
crédit depuis six mois ; il donna encore
une piastre à celui-là, et se débarrassa ainsi

de lui. Arrivé à l'extrémité du borgo dei
Pinti, il voulut faire bravement un demi-
tour à gauche, mais maître André, marchand de friture sous l'arc de Saint-Pierre,
l'avait aperçu, et ramassant son tablier
plein de beignets, le bonnet blanc enfumé
en tête, il fait un angle aigu, le prévient,
et l'atteignant au milieu du ruisseau, il lui
demande sans autre cérémonie et assez
brusquement, quand il lui paiera enfin
son mémoire, en observant d'une voix élevée, et en accompagnant son chant de la
musique de son trousseau de clefs, que
quand on n'a pas d'argent on ne doit pas
se permettre d'être gourmand.

Se mettant la main à la tête, et
se grattant pour sortir d'embarras, Sandro
lui mit sans rien dire la troisième piastre
dans la main. André la prit d'un air
assez content, car il s'attendait tout au
plus à recevoir trois jules. Nous chemi-
nâmes en silence jusqu'à l'arc des Peruzzi,
moi n'osant parler, parce que je voyais que
mon maître était triste, et lui soupirant,
parce qu'après avoir travaillé six jours, il

né se voyait qu'une piastre dans la poche ;
j'espérais du moins que nous arriverions
sains et saufs à la maison, après avoir
si malheureusement heurté contre trois
écueils, quand, de dessous l'arc, arriva à
nous un maudit serrurier, qui lui avait
vendu, comme objet d'art, une paire de
chenets travaillés par le célèbre Caparra,
sur lesquels mon maître, en les revendant,
avait perdu les deux tiers. Il s'approchait
aussi pour lui demander de l'argent ; mais
avant que le fripon eût commencé à parler, Sandro lui dit : Oh ! pour toi, il n'y a
rien ; et il se mit à courir pour lui échapper.
Je le suivis de mon mieux, et le serrurier
après nous ; mais, comme il était boiteux,
il nous prodiguait toutes sortes d'injures
et avançait comme il pouvait. Ce fut ainsi
que, toujours en courant, nous arrivâmes
au pont alle Grazie. En attendant, Spillo
qui avait reçu de l'argent pour *toucher* mon
maître, et qui voulait le prendre à l'im-
proviste, s'était mis de planton au coin de
la rue dei Bardi, afin de le toucher quand
il rentrerait à la maison. Je l'avais vu enfiler

le pont, courant devant moi, de sorte que
je le croyais déjà *touché*; mais en descen-
dant le pont, il resta en arrière, et ce fut
moi qui arrivai le premier. Spillo, qui s'é-
tait retiré pour le prendre au moment où
il ne s'y attendait pas, entendant le bruit de
nos jambes, fit deux pas en avant, et me
toucha au lieu de lui. Je le pris aussitôt
dans les bras, en apercevant sa jambe
rouge. Il voulut se dégager ; mais je le tins
ferme, de sorte que mon maître eut le
temps de rentrer à la maison, avant que je
ne le lâchasse. Spillo voulut faire du bruit
parce que je l'avais retenu ; mais je lui dis
de mettre une autre fois ses bésicles ; je
lui glissai un jules pour le consoler. C'est de
ce moment que date notre connaissance. »

« Cette aventure, dit Egidio à Lippi, est
digne d'être mise dans votre Légende. »

« Qui sait? » répondit Lorenzo.

« Mais revenons à l'histoire du géant, »
reprit le premier.

« Puisque Carafulla en a été à la fois té-
moin et acteur, dit Lippi, il pourrait la
raconter lui-même ; d'autant plus qu'il

II.                              7

me semble que, même hors de la Toscane,
on a bien su, s'il a été nécessaire, lui
couper le filet. »

« Eh bien donc, comment les choses se
sont-elles passées ? » demanda Egidio.

« Le géant, dit Carafulla, était devenu
d'un orgueil insupportable, et Pippo n'entendait pas que les affaires demeurassent
sur ce pied. »

« Cela est pourtant assez commun chez
les grands comme chez les petits, » observa
Egidio.

— « Oui, mais aux petits on donne des
leçons ; de la part des grands, il faut tout
supporter, en attendant... »

— « Quoi ? »

— « Pardonnez, monsieur, on rit.

» Or Pippo passant un jour à Montelupo,
où l'on fait les bouteilles de grès, en vit une
grande quantité qui n'était pas encore
cuite, et que l'on avait rangées là, pour y
appliquer une peinture grossière, selon l'u-
sage. Il lui vint tout à coup en tête une
idée pour mortifier le géant par une nouvelle plaisanterie ; et, ayant acheté la plus

grande de ces bouteilles , il la remit à un jeune homme qui commence à peindre , en lui recommandant de bien suivre ses instructions. La bouteille peinte, il la renvoya à Montelupo pour la faire passer au four. Il y a quelque temps qu'on la lui rapporta. Il la prêta à un des courtisans du prince Laurent, qui, il y a trois jours, la fit voir au château; et le pauvre géant faillit en crever de rage, parce que sa figure y était peinte d'une ressemblance frappante (1). C'était son vilain museau, son nez retroussé, ses grands yeux , sa laide bouche. On lui dit qu'à Montelupo, des bouteilles de ce genre se vendaient pas milliers; mais pour le moment Baptiste n'y ajouta pas fois.

» Hier au soir nous l'avions invité à souper, et Pippo l'avait prévenu que nous de-

_______________

(1) Ce trait est historique ; le peintre fut le célèbre Balthasar Franceschini, dit il Volterrano. On peut voir dans Baldinucci ce qui arriva au château à cette occasion.

vions faire un peu de folies, pour célébrer mon retour à Florence. Il vint, mais il conserva son air de fierté, qui le faisait ressembler au fanfaron de Sienne (1).

» Il fut donc placé sur un siége élevé au haut bout de la table entre Rosaccio et Cecchino del Sere. Nous avions fait la leçon à l'hôte Meo, de sorte qu'après avoir servi le rôti, tout étant préparé pour la farce, il leva la portière, et fit un signe à Pippo.

» Celui-ci se mit pour lors à dire de l'air le plus sérieux que c'était un grand honneur que le seigneur Jean Baptiste nous faisait en daignant manger avec nous. Qu'à compter de ce moment, ayant occupé une si grande place à la cour, il était devenu la boîte aux pétitions, faisant allusion à sa grande bouche; qu'il ne se faisait plus mettre de mouches sur le nez (2). — Sur

---

(1) C'est une statue de métal qui sonne les heures à la tour de l'horloge, sur la grande place de Sienne.

(2) *Posare la moscha sul naso*, signifie insulter.

(Note du Traducteur.)

quel nez? dit à demi-voix Paolino; quant à moi, je n'ai jamais pu au toucher en trouver sur sa figure. Toutes les jeunes filles, continua Pippo, étaient amoureuses de ses beaux yeux, et désiraient l'avoir pour mari, tandis que les femmes mariées ne voulaient pas par pudeur le recevoir chez elles, à moins qu'il ne passât d'abord par les mains de Santarelli (1).

» Rosaccio enchérit encore sur Pippo. Il dit qu'il se flattait, par sa protection, d'être fait médecin de la cour; qu'il était neveu d'un astrologue; qu'il se faisait fort, aussi bien que Nardi, de saler une couple de crocodiles; d'écorcher un buffle, de lui couper les jambes et les cornes, et de le faire passer ensuite pour le squelette d'une jeune baleine; que, s'il manquait de momie au jour des Trépassés prochain, il prendrait Monna Checca (2) à l'église de San-Lorenzo

---

(1) Il lui fit vraiment accroire par la suite qu'il l'avait fait eunuque.

(2) On avait coutume à cette époque, au jour

et qu'il se composerait ainsi sans peine une momie.

» Paolino se recommanda à lui pour avoir la survivance du seigneur Andrea Salvadori (1); et Balthazar, le joueur de marionnettes, fit aussi valoir ses droits, et exposa son désir de succéder au seigneur Giulio Parigi dans la direction des spectacles de la cour; quant à moi, attendu le bel habit que je portais, j'observai que je me contenterais de la place de maître des cérémonies.

» Baptiste ne savait s'il fallait rire ou se fâcher: mais le souvenir de la bouteille de grès lui faisait tout avaler, par la peur qu'il avait que l'on ne vînt à parler de ce qui était arrivé trois jours auparavant au château.

» En attendant, le coquin de Pippo, afin

---

des Trépassés, d'exposer dans les souterrains de la basilique de Saint-Laurent un squelette habillé et la tête couverte de voiles, que le peuple appelait *Monna Checca*.

(1) Poëte de la cour depuis le règne de Côme II.

de lui faire voir l'éclair avant que la foudre n'éclatât, me demanda si, en revenant j'avais passé par Pavie ou par Bologne, et si, en allant à Lucques, j'avais pris le chemin de Pistoie ou celui de Montelupo; et il prononça ce dernier nom avec une telle emphase que le pauvre géant en tressaillit. Puis, prenant en main une des bouteilles que nous avions devant nous sur la table, il commença par dire que c'était une grande honte que des objets dont on était obligé de se servir ainsi tous les jours choquassent les yeux par des peintures si grossières, que des femmes pouvaient y prendre de funestes idées, et transmetre ces monstrueuses images à leurs enfans; puis, se tournant vers le géant, qui était accablé et demeurait muet comme un poussin : Et toi, lui dit-il, tu devrais faire dire au directeur de l'Académie des beaux-arts qu'il s'occupe d'y faire faire des changemens et de les faire peindre avec plus de soin et de goût.

» —Qu'ai-je affaire là dedans? dit Batistone.—Beaucoup, répondit Pippo, puisque, maintenant que la fortune te sourit, il n'y

a rien dont tu n'aies le droit de te mêler; et
de même que le jeune Volterrano a peint
notre Paolino sur la toile, pourquoi ne te
peindrait-il pas bien dans une bouteille?
— Le géant ne résista pas à cette attaque,
et dit brusquement qu'il était temps d'en
finir. C'est au contraire à présent que nous
allons commencer, dit Pippo. — Je ne suis
pas venu ici pour être votre jouet, répondit le géant. — Et nous ne te laisserons pas
partir que tu ne le sois devenu, reprit Pippo.
— C'est ce que je voudrais bien voir. — Tu
le verras, et du mieux qui se fasse; crois-
tu que nous n'ayons pas des bouches pour
rire, tout comme le prince Laurent, Cico-
gnini et Castagnola? — Que veux-tu dire?
» Alors Paolino tirant de dessous la table
son violon, nous nous mîmes à chanter en
chœur, sur une musique composée par lui,
les vers suivans.
Ici Caraffulla tira de sa poche un carré
de papier, et lut ce qui suit (1):

---

(1) Nous avons désespéré de pouvoir rendre en
vers les grotesques plaisanteries de ce morceau.

« Avant de descendre parmi les griffes
» d'Asmodée et de Barbarriccia , beau mu-
» seau pour faire une saucisse, daigne écou-
» ter Paolo Baroni qui te demande, ô grand
» géant, la permission d'immortaliser tes
» traits.

» Un plumet sur ton chapeau, aux pieds
» des souliers rapiécés , tu ressembles assez
» à une rave de Peretola ou de Quaracchi ,
» et tu peux , ô Batistone , te comparer aux
» Baronci pour la beauté (1).

» Si des pieds et des genoux tu joues à la
» bascule à cheval, tu ressembles à une gre-
» nouille sur le dos d'une baleine ; et quand
» tu danses, tu es galant comme un ours ou
» bien comme un éléphant.

» Et si parfois l'ardeur guerrière te con-
» duit armé dans la lice , tu prends la moitié
» d'une écale de noix pour casque et un lé-
» zard pour cuirasse ; quant à ton invincible
» lance, elle est une aiguille à coudre.

---

(1) C'étaient des hommes fort laids don
Bocace.

7*

» D'après cela, avant que tu n'ailles re-
» trouver dans le sombre royaume les spec-
» tres et les loups-garoux, nous avons
» voulu, ô grand géant, immortaliser tes
» traits dans la bouteille de Montelupo. »

» Pendant ce temps, Meo, qui se tenait
derrière la portière et ne cessait de rire, la
leva tout doucement, et l'on vit paraître
Cencio d'un côté et Cecco de l'autre, tenant
chacun deux flambeaux. Au milieu d'eux,
Bernardo, le cuisinier, avec un nez de po-
lichinelle, portait sur sa tête la grande
bouteille sur laquelle la figure de Batis-
tóne avait été peinte.

» En entendant ces fracas et ce rire, toutes les personnes qui étaient dans l'hôtel-
lerie accoururent dans la pièce où nous
soupions, de façon qu'on se serait cru dans
un théâtre public.

» Le pauvre géant se mit dans un tel
état que je croyais qu'il deviendrait fou.
Il voulait s'en aller, mais Rosaccio et Cecchino le tenaient; de sorte qu'il se mit à
souffler et à baver, comme un possédé.

» La bouteille fut placée au milieu de la

table, de la même manière que l'hôte de
Bologne y plaça la salière en l'honneur
de M. le comte ; et comme Baptiste renver-
sait tout en donnant des coups de pieds
par dessous, et en se servant de ses mains
au dessus, Pippo fit faire silence, et, prenant un air fort sérieux, lui dit gravement :

« Seigneur Jean-Baptiste, sachez que
» des gens de notre espèce n'étant reçus à
» la Cour qu'en qualité de bouffons, il faut
» qu'ils supportent le poids de leur charge.
» Celui qui vous a joué ce tour pourrait
» vous en jouer de plus sanglans encore.
» Pour ce soir nous nous sommes suffisam-
» ment divertis ; mais à l'avenir songez à
» être moins fier, et rappelez-vous la fable
» de la mouche et de la charrue (1) »

» On aida pour lors au pauvre géant à
descendre de son trône, et il se retira la
queue entre les jambes, sans que personne

---

(1) *Della mosca sull' aratro ;* en français on aurait dit la mouche du cocher.

lui dit plus rien : car la leçon avait réellement été salée et poivrée ; mais Pippo, se
tournant vers nous, ajouta que celui qui
n'use pas de sa fortune pour faire du bien,
mais pour redoubler d'arrogance et d'orgueil, montre peu d'esprit et un mauvais
cœur. »

Gertrude n'avait cessé de de rire pendant tout le récit de Carafulla. Egidio et
Lorenzo se regardèrent comme pour dire :
Voyez un peu où vont se cacher la raison et
la vertu ! En effet ce Filippo fut, d'après
l'histoire, un homme porté à la gaîté, mais
plein d'honneur, qui termina sa vie au milieu des bonnes œuvres, distribuant en au-
mônes tout ce qu'il possédait au delà du nécessaire.

Quant le couvert fut ôté et qu'ils se trouvèrent seuls, Lorenzo dit :

« Il est certain que le tour joué hier au
soir au nain divertira toutes les sociétés ;
car le temps est passé parmi nous, et veuille
le ciel qu'il ne revienne jamais ! où un em-
ploi était censé donner du mérite à un
homme. Chacun n'est plus estimé mainte-

nant que par ce qu'il vaut; et le souvenir
de Côme II, qui, à un spectacle public,
voyant Chiabrera mal placé, le fit appeler et
asseoir à côté de lui, donne la juste mesure
de ce que tout le monde doit faire. Plus
vous resterez parmi nous, ajouta-t-il en se
levant pour prendre congé, plus vous vous
convaincrez que les grands et les petits ne
forment ici qu'une seule famille, bonne,
unie et heureuse. »

# CHAPITRE VI.



Quand Pétrarque a dit que les hommes deviennent souvent amoureux par la renommée, il a exprimé un cas plus commun que l'on ne pense. Les triomphes dans les armes, la gloire dans les lettres, la réputation dans la peinture, les applaudissemens dans la musique, et plus souvent encore une action vertueuse, une preuve

de générosité , un acte magnanime, sont
autant d'anneaux qui commencent par en-
velopper l'esprit avant d'enchaîner le cœur.
L'âme en paraissant devant une personne
de qui la renommée retentit au loin, trouve
les chemins ouverts et disposés à recevoir des
impressions favorables, de sorte qu'elle finit
par se voir liée à son insu. C'est là ce qui
arriva à Egidio, avec cette différence néanmoins, que tout ce qu'il avait entendu dire
de Barbara degli Albizzi ne lui donnait pas
à beaucoup près la mesure de son mérite.

Le temps était arrivé où il devait s'a-
percevoir que son amour pour Gertrude
n'avait été qu'une illusion des sens; que les
charmes de la jeune vierge l'avaient séduit,
et que le mystère ainsi que la difficulté
avaient prolongé son erreur.

A la vérité ces deux motifs s'étaient fait
sentir plus fortement en lui , au moment
où il s'était vu sur le point d'être contraint
de l'abandonner; mais à peine l'avait-il
eue en son pouvoir, que les nœuds dont il
croyait son cœur pour toujours lié avaient
commencé à se relâcher. Fallait-il d'ail-

leurs s'en étonner? L'illusion se dissipant avec la cessation du mystère, Gertrude n'eut plus pour elle que sa seule beauté.

Aussi, quiconque aurait pu lire au fond du cœur d'Egidio y aurait vu l'image de Gertrude s'effacer graduellement, sans que lui-même fût en état d'en dire la raison. Il se sentait poussé par un désir extrême de connaître cette Barbara; mais il ne formait sur elle aucun projet de séduction. Il suivait pour le moment l'impulsion de son âme, et il laissait l'avenir dans une vague incertitude.

Le devoir, les conventions, les promesses la fuite, le crime même qui l'attachaient à Gertrude, parlaient fortement en sa faveur; mais la voix de l'amour ne se faisait plus entendre que comme un écho lointain.

Ce fut donc avec une bien vive impatience qu'Egidio attendit le mercredi; et, quand il fut arrivé, il n'eut rien de plus pressé que de se rendre à l'hôtel degli Albizzi. Tommaso était sorti pour affaire, et avait prié sa belle-sœur de recevoir l'étranger, dans le cas où il viendrait ce jour-là.

Quand Egidio arriva à la porte, il remarqua qu'il ne levait pas le marteau avec autant d'indifférence qu'il l'avait fait quinze jours auparavant. Ayant monté l'escalier, il n'entendit pas la douce voix qu'accompagnait le son du luth; mais il n'en fut pas moins charmé, quand le laquais lui dit qu'il avait ordre de le faire passer chez Madame.

La portière ayant été levée, il entra chez elle, et la trouva assise, brodant près de la fénêtre. Les tentures de la pièce étaient en cuir orné d'arabesques ; en face il y avait le portrait du Tasse ; sur les deux autres côtés on voyait deux dessins renfermés dans des cadres d'ébène ; le luth était posé sur une chaise ; au milieu d'une petite table, il y avait un beau vase de bronze bosselé, qui servait d'écritoire ; plusieurs livres amoncelés l'entouraient.

Quand Barbara se fut levée, et qu'avec un mouvement extrêmement gracieux de la tête, elle eut fait un pas pour aller au devant de lui, Egidio vit une de ces personnes que l'on rencontre rarement, mais que l'on n'oublie jamais, une fois qu'on les a rencontrées. Deux yeux très-noirs étincelaient dans leurs orbites, un léger incarnat teignait ses joues blanches et pures, tandis que sa bouche s'ouvrait pour sourire avec un charme inexprimable.

Quoique déjà prévenu de sa beauté, la surprise qu'il éprouva fut si grande qu'il lui fut impossible de proférer une parole.

«Mon beau-frère ne tardera pas à rentrer, monsieur, dit-elle avec un organe non moins suave que celui qu'elle avait en chantant; je vous prie, en attendant, de vouloir bien vous asseoir. »

Nous avons déjà dit qu'Egidio était grand et élancé; ses yeux étaient noirs et vifs, comme ceux de la plupart des Lombards; son teint penchait vers le brun, mais seulement pour faire assez de différence entre la beauté d'un homme et celle d'une femme. Ses sourcils étaient arqués, son nez droit, sa bouche avait un peu de sévérité, mais quand il parlait ou souriait, elle changeait d'expression. Dans ses mouvemens et dans ses gestes, il avait cette gravité et ces manières posées qui de la part des hommes empêchent une trop grande familiarité, et inspirent aux femmes une confiance parfaite. Barbara jugea dès le premier aspect que ce n'était pas un homme ordinaire. Aussitôt qu'il eut entendu ses premières paroles, il lui répondit sur-le-champ:

« Pardonnez, madame, à ma surprise un moment de silence. Je pense que ce n'est pas la première fois que cela vous arrive. »

— « Que voulez-vous dire, monsieur? »

— « On m'avait annoncé que vous étiez une dame incomparable pour le chant, pour la grâce et pour l'instruction ; on m'avait en outre dit que vous étiez belle, mais on m'avait caché que vous étiez la beauté la plus imcomparable de l'Italie. »

Barbara l'ayant regardé, dit après une courte pause :

« Si jeune et déjà si flatteur! »

Egidio voulut répliquer, mais elle lui coupa la parole en ajoutant :

« Ecoutez-moi, monsieur. Les hommes ont coutume de flatter les femmes ou pour les séduire, ou pour se les rendre favorables, ou pour se moquer d'elles. Quant au premier point, je suis sûr que vous n'y pensez pas ; pour le second, vous n'en avez pas besoin, tant le seigneur Tommaso vous a recommandé à moi avec chaleur ; pour le troisième, je ne crois pas le mériter. »

— « A tous vos autres dons, madame, vous joignez donc l'esprit le plus délicat. Il m'arrive souvent de me taire, mais jamais je ne dis ce que je ne pense pas. Du reste, vous devez savoir mieux que moi quelle est l'opinion générale à votre égard : car personne n'en fait mystère. »

— « Qui donc a pu, depuis le peu de temps que vous êtes à Florence, vous tant parler de moi ? »

— « Tous ceux qui vous connaissent, l'abbé Pandolfini, le seigneur Lippi, le sénateur Picchena... »

— « Comment ! le magicien aussi a daigné s'occuper de moi ? »

— « Qu'entendez-vous par le magicien ? »

— « Je conçois qu'il doit paraître impossible qu'un homme d'un si grand mérite

offre dans son esprit une pareille contradic-
tion; mais il croit à l'astrologie judiciaire. »

.  — « Serait-il possible? »

— « Et don Giovanni de Médicis, cet
homme d'un courage à toute épreuve, n'y
croyait-il pas également? »

— « Le général des Vénitiens? »

— « Lui-même; et, ce qu'il y a de plus
extraordinaire, c'est qu'il s'était persuadé
qu'il avait été ensorcelé par Livia Vernazza
son épouse. Il est mort convaincu que le
grand amour qu'il éprouvait pour elle ne
provenait que de ses sortiléges et de ses enchantemens. »

— «De quelle condition était cette dame?»

— « Je puis vous en parler mieux que
toute autre, car Giovanni avait pour mère
une Albizzi. La Vernazza était fille d'un tapis-
sier de Gênes. Ayant quitté son mari et
étant venue se réfugier à Florence, don
Giovanni la vit dans une de ces occasions
qui d'ordinaire ne laissent après elles aucune
trace; mais il s'éprit pour elle d'une si folle
passion, qu'il en vint au point d'oublier ce
qu'il devait à son rang, à sa famille, à lui-

même. Après avoir fait murmurer hautement ces saintes femmes, les grandes duchesses, tous les gens de biens, en un mot tout le public, qui l'aimait, de l'imprudence avec laquelle il se montrait avec elle en carrosse aux promenades publiques, aux fêtes et jusque dans l'église, ne pouvant supporter les discours qui de toutes parts venaient à ses oreilles, il prit la résolution d'aller à Venise, de faire annuler le mariage de sa maîtresse avec son premier mari Granara, et de l'épouser.»

— « J'avais entendu dire que don Giovanni avait pris une femme dans un rang inférieur, mais j'ignorais ces particularités. »

— « Cet événement fut un coup bien cruel pour le grand-duc Côme, et il le prit fortement à cœur, surtout quand il apprit la naissance d'un fils de ce mariage. Don Giovanni mourut peu de temps après le grand-duc, laissant sa femme enceinte de trois mois. Cioli, qui fit partie de la régence, se conduisit, dans cette occasion, avec une finesse bien digne de sa réputation. Il envoya à Venise un homme de confiance, qui, au nom des grandes duchesses, ne laissa à Livia d'autre alternative que de venir à Florence se remettre à leur discrétion ou d'être accusée comme sorcière devant l'inquisition. Elle choisit le moindre des deux maux et vint ici. »

— « Ce que vous me racontez a tout l'intérêt d'un roman. »

— « Et pourtant ce sont des choses réellement arrivées sous nos yeux. Le mariage de cette femme avec don Giovanni, ayant été déclaré nul, le fils qu'elle en avait eu ainsi que l'enfant qu'elle portait dans son sein, se trouvèrent, comme de raison, illégitimes. Elle passa d'abord plusieurs années dans une forteressse, plusieurs autres ensuite dans un couvent, et maintenant elle est reléguée dans une maison de campagne hors de la porte San Gallo, d'où il lui est permis, à la vérité, de venir à Florence, mais non d'y passer la nuit. »

— « Le sénateur Picchena aurait dû, ce me semble, la protéger, quand ce ne serait que par confraternité. »

— « Il a beaucoup fait pour elle en lui obtenant la vie et la liberté; mais la justice la surveille. »

— « Pourquoi? »

— « Parce que l'on craint tout d'une femme qui a possédé la confiance illimitée d'un membre de la famille régnante, et qui peut en savoir tous les secrets. En outre, on croit qu'elle continue toujours à exercer la nécromancie. »

— « Est-elle jeune? »

— « Elle n'a pas plus de trente ans, et malgré ses souffrances elle est encore fort belle. »

— « C'est ce qui explique suffisamment le sortilége. Don Giovanni en avait plus de cinquante, et à cet âge la passion de l'amour est terrible. Mais à tout âge les enchantemens d'une femme sont dans ses traits, dans sa personne et dans ses manières; et, si à ces avantages, ajouta-t-il en montrant le luth, elle joint les charmes de la musique et du chant, si elle écrit encore avec grâce et esprit (et il leva le couvercle de l'encrier), si enfin elle est belle comme un ange…, elle a tout ce qu'il faut pour se faire brûler comme sorcière, et l'arrêt qui la condamnerait serait plus juste que celui de Cecco d'Ascoli ou de Guido Bonatti (1).

Barbara sourit, mais ne répondit pas.

« Voici apparemment, continua Egidio en jetant un regard vers les livres, les ouvrages qui traitent de magie. »

En parlant ainsi il prit en main un petit volume placé au-dessus des autres; il était orné de dorures, et Egidio l'ouvrit à l'endroit où le signet était placé : c'était vers la fin.

Il y a des dames fort instruites, d'un cœur parfait et d'un esprit peu commun, qui, bien qu'elles laissent leurs livres exposés à la vue de tout le monde, en sont néanmoins extrêmement jalouses, soit qu'elles craignent que l'on ne devine leurs pensées, soit qu'elles n'aiment pas qu'on les prévienne sur ce qu'elles vont dire, soit qu'elles éprouvent pour eux cette jalousie

_______________

(1) *Voyez* l'Enfer du Dante, liv. 20.

iunée que les femmes ont pour leurs amis.
Et quels amis sont plus sûrs que des
livres? Malheur à Egidio si Barbara avait
partagé cette faiblesse! car ayant ouvert le
volume et y ayant lu : *Conclusions amoureuses*, il devina quelle était la corde sensible de son cœur. Elle avait une prédilec-
tion extrême pour le Tasse, de sorte que le
premier moyen de s'insinuer dans son esprit, d'acquérir ses bonnes grâces et de lui
plaire, était de préférer la *Jérusalem déli-
vrée* au *Roland furieux*. Elle était sous ce
rapport en discussion perpétuelle avec Galilée, lorsqu'elle le rencontrait aux con-
certs qui se donnaient à l'hôtel dei Bardi.

« Je ne m'étais donc pas trompé, poursuivit Egidio ; tout ici est disposé pour des
enchantemens. C'est là ( se tournant vers
le portrait du Tasse ) le grand esprit invi-
sible qui y préside, et voici le volume mys-
térieux qui sert à invoquer les âmes. J'a-
jouterais que vous êtes Armide, si dans le
commencement le Tasse l'avait dépeinte
moins perfide. »

Barbara sourit, et eut l'air de lui ré-

pondre par un certain regard : Bien d'autres avant vous m'ont dit la même chose,
mais inutilement.

« Voyons maintenant les secrets du livre, » continua-t-il ; et jetant les yeux sur la
vingtième conclusion, il y lut : *L'amour
donne la perfection aux femmes.*

« Croyez-vous que cela soit vrai? de-
manda-t-elle. Quant à moi, je suis d'un
avis différent du Tasse. »

En parlant ainsi, elle le regarda fixe-
ment comme si elle l'eût défié de deviner
sa pensée.

« Ce Torquato, répondit-il, était un grand
maître en amour. La seule observation que
j'aie à faire, c'est que celui-là sera bien heureux qui pourra donner aussi cette perfection à celle qui déjà en possède mille
autres. »

En ce moment le seigneur Tommaso
rentra avec son frère. C'était un homme
d'environ quarante-cinq ans, dont il avait
passé dix-sept en France auprès de la reine
Marie. Il s'y était imbu des maximes des
huguenots, et avait publié cinq ans aupa-

ravant la traduction de l'ouvrage dont Pandolfini avait parlé à Egidio. Sa famille avait feint de n'en rien savoir, et il n'en avait rien transpiré dans le public. Son frère cadet, Rinaldo, qui était fort pieux, n'avait jamais ajouté foi aux rapports qui lui en étaient venus de France, et d'autant moins que Tommaso menait à Florence une vie parfaitement régulière.

Doué de toutes les qualités qui peuvent rendre un homme estimable, Rinaldo était loyal, honnête, discret, fait pour inspirer le respect et l'amitié; il n'avait pourtant pas ce qu'il fallait pour faire naître une passion dans le cœur d'une femme comme la sienne. Pour le reste, il possédait tout ce qu'elle pouvait lui accorder.

Tommaso s'avança le premier, et embrassa Egidio, qui lui rendit cette marque d'affection avec autant de joie que deux blancs aux Antilles ou deux nègres en Europe. Il le présenta à son frère, et ajouta qu'il désirait que tant qu'Egidio resterait à Florence il fût regardé comme un membre de la famille.

Rinaldo qui aimait Tommaso et à qui il devait comme cadet son aisance et l'agrément de sa vie, répondit que les désirs de son frère étaient sacrés pour lui. En même temps Barbara, sous le prétexte d'avoir à s'occuper des soins du ménage, se leva, et prenant le bras de son mari, salua Egidio, et le laissa seul avec Tommaso, en ajoutant qu'elle allait revenir.

« Je suis fâché, dit Tommaso, d'avoir tant prolongé mon séjour à la campagne ; mais j'espère que dans l'intervalle il ne vous est rien arrivé de désagréable et de contraire à vos désirs. »

« Rien, répondit Egidio. Ne vous ayant pas trouvé et ne voulant pas risquer d'être appelé devant quelque subalterne, je suis allé de moi-même saluer le sénateur Picchena. »

— « Je suis certain que vous avez été bien reçu. La Toscane doit à ce vieux ministre une grande partie de son bonheur. »

— « Madame votre belle-sœur m'a dit qu'il croyait à l'astrologie judiciaire. Cela serait-il possible ? »

— « Il ne faut pas vous en étonner. Côme I<sup>er</sup>,

en formant l'université de Pise, fut forcé d'y créer une chaire de cette science ; et madame Christine , dans la dernière maladie du grand-duc Ferdinand , son mari, interrogea Galilée , afin que par les règles de l'astrologie, il déclarât, d'après l'époque de sa naissance, ce qu'il fallait craindre pour sa mort. »

— « Mais un philosophe comme Picchena! »

— « Pour être philosophe en est-il moins homme? Ainsi que je vous le disais, nous lui devons une grande reconnaissance; et quoique depuis la mort du grand-duc Côme, il ait beaucoup perdu de la faveur dont il jouissait, on le respecte tant que l'on n'oserait jamais faire une chose qui lui déplairait ouvertement. »

— « Et quel est celui qui l'a supplanté? »

— «Un certain Cioli de Cortone, dit Tommaso, et il ajouta en baissant la voix : qui a toutes les qualités réunies du renard et du loup. Entier dans son opinion, flatteur des puissans, donnant toujours tort aux faibles; très ignorant, mais suppléant à la science par la ruse et l'impudence, il ressemble à un de ces gens dont parle Juvénal, qui auraient offert d'aller au ciel à la moindre demande, si cela avait pu faciliter la réussite de leurs projets, et qui s'embarrasseraient ensuite fort peu de remplir leur engagement. »

« Comment a-t-il obtenu cette faveur? » demanda Egidio.

« Par des artifices merveilleux. Il commença d'abord à s'insinuer en secret et avec beaucoup de zèle dans les bonnes grâces du chevalier Vinta, qui ne se doutant nullement qu'il pût parvenir un jour à occuper sa place, le fit entrer dans ses bureaux. Comme la sévérité, l'orgueil, l'humeur quelquefois brusque et impétueuse de Picchena déplaisaient à bien des gens, il adopta dès ses premiers pas un système tout-à-fait opposé. Le bonheur du pays, l'amélioration des hommes, les droits de la justice, la protection due au génie sont pour lui des mots vides de sens. Ce qui plaît au plus fort est pour lui le bon droit, le bonheur et la perfection.

» Avec de pareils principes, on fait promptement son chemin : car travaillant toujours sous terre comme la taupe, et ne laissant soupçonner à personne, les grands pas qu'il faisait vers la faveur, il arriva tout-à-coup à la puissance suprême, sans que l'on pût découvrir le chemin qui l'y avait conduit. »

— « A quelle époque sa faveur commença-t-elle ? »

— « Sa faveur secrète au moment où Côme cessa de pouvoir s'occuper des affaires, et sa faveur publique immédiatement après la mort de ce prince, dont, à la surprise générale, le testament le nomma un des ministres de la régence. »

— « Et que fit Picchena en cette occasion ? »

— « Il dissimula. Cioli, de son côté, n'osa pas lui rompre en visière, de sorte que quoique toujours opposés au conseil, ils paraissent du meilleur accord quand ils se montrent dans les sociétés particulières. »

— « Vous croyez donc qu'à la mort de Picchena Cioli lui succédera ? »

—« Il lui a déjà succédé pour le fond des choses. En attendant, soit par le respect que l'on porte à la mémoire de Ferdinand et de Côme, soit que quand un gouvernement a adopté certaines maximes fondamentales d'où résulte le bien général; on trouve imprudent de les changer, le fait est que les bases établies par Ferdinand et par Côme subsistent toujours comme régulatrices de cet état. »

—«Oserai-je vous demander quelles sont ces bases ? »

—« L'obéissance aux lois et aux magistrats, le respect pour la religion et la morale, et la tolérance pour tout le reste. »

—« Les amis d'Orchino et de Carnesecchi, les partisans de Socinius, comment sont-ils traités ? »

— « Il ne faut pas parler du second. Quant aux autres, ils sont restés forts, irrités et féroces, tant qu'ils ont été persécutés; mais depuis que la persécution a cessé, il n'est plus question d'eux. »

— « Ce système de tolérance est dû peut-être à Ferdinand ? »

8*

— « Oui ; quoique dans certaines occasions Côme en eût déjà donné le premier exemple. »

— « Côme I$^{er}$ ?

— « Lui-même. L'histoire de tous les temps lui avait déjà fait voir que la persécution ne sert qu'à augmenter le nombre des sectaires. Or, depuis la punition de Panciatichi, homme de condition, qui avait été ambassadeur en France, et de quarante de ses partisans, tant hommes que femmes, un grand nombre de novateurs continuaient à se rassembler, en se désignant sous les noms de Choux et de Raves. Ils se réunissaient dans certains banquets, et traitaient de choses qui concernaient leurs opinions, en n'ayant l'air de parler que d'herbes et de plantes. Ils furent dénoncés, et comme il s'en trouvait dans le nombre qui appartenaient aux principales familles, cette affaire excita une vive curiosité dans le public. En attendant, le grand-duc ne prit conseil de personne, et décida de lui-même, ainsi qu'il lui arrivait le plus souvent. « Les cerveaux floren-

» tins ne peuvent jamais demeurer oisifs ; ils
» ont de tout temps été accoutumés à faire
» des plaisanteries, et celle-ci en est une. »
A compter de ce moment, si l'on en excepte le cas du malheureux Carnesecchi,
auquel d'ailleurs plusieurs autres motifs con-
coururent, et certaines condamnations fort
rares, sous le règne de François, qui avait
plus du caractère de sa mère que de celui
de son père, la tolérance a été l'une des
maximes du gouvernement, comme depuis Ferdinand celle de la monarchie mo-
dérée en a été une autre. »

— « Vous ne me parlez point de votre
oncle ? »

— « Duquel ? »

— « Du seigneur Antonio. J'en ai beaucoup entendu parler à Milan. »

— « Après avoir quitté le service du cardinal d'Autriche, il a vécu long-temps à
Kempten, et y est mort il y a deux ans.
Vous savez que c'était un homme très-sa-
vant, fondateur de l'académie des Alterati,
qui compte parmi ses membres les hommes les plus illustres de Florence. »

— « Y a-t-il long-temps que cette aca-démie a été instituée ? »

— « Il y a environ soixante ans. Elle se rassemble à présent dans la maison du sei-gneur Jean-Baptiste Strozzi, ami de ma belle-sœur, et qui, quoique octogénaire, vient encore quelquefois la voir. Il a com-posé des madrigaux qu'elle a mis en mu-sique. C'est un homme qui jouit d'une très-grande considération ; car il est ami des princes, et surtout du pape. Il pourra vous être utile dans mille occasions. Je n'ai pas coutume de le visiter, pour cer-tains motifs particuliers, mais je trouverai quelqu'un pour vous présenter à lui.. »

En ce moment Barbara revint et se re-mit à sa broderie.

« Quel est ce bel ouvrage, Madame ? » demanda Egidio.

« Je brode une fraise pour une personne que vous m'avez nommée, pour notre peintre poëte ; il m'a donné ces deux des-sins que vous voyez, et je veux en échange lui offrir cette bagatelle. »

Quoique ces paroles eussent été prononcées avec candeur et simplicité, elles ne laissèrent pas de produire une impression désagréable sur le cœur d'Egidio, qui reprit :

« Vous êtes donc fort liée avec Lippi ? »

Ignorez-vous que ce jeune homme est un des plus beaux génies de Florence? C'est grand dommage qu'il ne veuille pas abandonner la poésie légère; mais il est entêté : il dit et répète partout que dans la poésie sérieuse, le Tasse a fermé l'accès à tout le monde. »

— « Et que représentent ces deux dessins ? »

— « Vous voyez : dans l'un il a peint un pauvre homme qui, un soufflet à la main, voudrait faire tourner les ailes d'un moulin; emblème, comme vous le devinez bien, d'un poëte sans vocation, qui se bat les flancs pour faire trois vers dans une heure. Dans l'autre on voit la barque des *Ruinés* partant pour l'île du *Repentir.* On reconnaît dans la physionomie des diverses personnes qui sont à bord le genre particulier de vice qui les a réduites à la misère.

Voyez le joueur, le libertin, le chicaneur,
le prodigue, l'avare, l'usurier même dont
les débiteurs ont fait banqueroute, et qui
est resté avec des sacs vides et des lettres
de change protestées. »

— « Il paraît que vous voyez souvent
Lippi. »

— « Comme les autres, c'est-à-dire tous
les samedis et tous les mardis au soir. Ces
jours-là mes amis me font l'honneur de venir me voir, et j'espère bientôt en compter
un de plus. »

— « Si cela est ainsi, dit Egidio, souffrez
que je vous en demande une preuve. Pre-
nez-vous-en à vous-même si je suis trop
exigeant. »

— « Dites toujours, » reprit Barbara.

— « Je serais sans doute trop indiscret si
je vous priais de me répéter les strophes que
je vous ai entendu chanter le jour que
j'ai remis la lettre pour le seigneur Tommaso. »

— « Je ne pourrais pas vous faire entendre les mêmes, parce que j'en ai apprêté la
musique ; mais en place, je vous chanterai

quelque chose de plus neuf. Pourrais-je faire moins pour vous être agréable ? »

Elle prit en main le luth, choisit le morceau, le plaça devant elle, et commença à accorder son instrument.

« C'est un madrigal, continua-t-elle, du seigneur Jean-Baptiste Strozzi, mis en musique par Jacques Peri. J'espère qu'il vous plaira. »

Elle se mit pour lors à chanter de la voix la plus suave :

« O blanche main, qui redoubles ma flamme,
Toutes les fois que j'ose te toucher !
A cette ardeur qui dévore mon âme
Pourquoi soudain trembler et t'arracher ? »

L'accompagnement imitait cette espèce de honte avec laquelle une femme, après avoir pour la première fois serré la main de son amant, la retire, comme si elle craignait d'avoir trop fait connaître son secret. Mais comme ce tremblement est précisément la marque de la correspon-

dance de l'âme, la seconde partie du madrigal se composait des vers suivans, dans
lesquels encore le musicien s'était efforcé
d'exprimer toute l'effusion de sentiment
que le poëte y avait mise :

 « Mais dans mon amour fidèle,
 Dieux ! quel serait mon bonheur,
  Si cette main blanche et belle,
Était en ce moment l'interprète du cœur ! »

Ces deux derniers vers, dont la musique
était tendre, furent répétés avec une expression céleste. Le morceau entier avait
d'ailleurs été chanté avec cette modestie,
cette grâce et cette simplicité qui dans les
arts offrent presque toujours le sceau de la
perfection.

Egidio pouvait à peine croire le témoi-
gagne de ses sens. Les manières, les discours, la beauté de la voix de Barbara
dépassaient si fort les bornes de ses idées,
qu'il ne trouvait pas assez de paroles pour
la louer, et en même temps pour la re-
mercier.

« Si vous me le permettez, dit-il en se levant, samedi au soir je viendrai pour la première fois vous admirer, puisque vous m'avez donné une si grande preuve que vous avez bien voulu me placer au nombre de vos amis. »

— « Comment! parce que j'ai chanté quelques vers? Vous connaissez mal notre pays, Monsieur. Les dames qui savent chanter seraient regardées comme mal élevées si elles refusaient si peu de chose aux personnes qui le leur demandent. »

— « Mais aucune d'elles n'aurait chanté comme vous. »

— « Après que vous aurez entendu les autres, vous serez mieux en état de me juger. »

« En voyant un tableau de Raphaël, on n'a pas besoin d'autres ouvrages pour en sentir le mérite. »

A ces mots, Barbara se rappelant les paroles qu'elle avait dites au commencement de sa visite, répondit :

« Si jeune.... »

Elle voulut ajouter *et si flatteur;* mais elle

préféra de laisser Egidio achever sa phrase
en idée ; il reprit néanmoins sur-le-champ :

« Vous avez raison, si jeune, si belle et
si modeste ! Je n'envie point votre époux,
car ce serait de la témérité, mais votre beau-
frère. »

Comme il se préparait à partir, Tommaso
se leva, et s'étant approché d'eux, dit à sa
belle-sœur :

« Nous prierons Lippi de le conduire
chez le seigneur Jean-Baptiste. »

« Il en sera très-flatté, répondit Barbara,
et je le ferai prévenir. »

« Je le chercherai moi-même, » dit Egidio.
— « La réputation dont jouit ce vieillard
est si grande, qu'une seule parole de sa bouche vaut mieux que cent recommandations ;
car il a fait l'éducation de deux générations
de grands-ducs. Faites donc en sorte de
le voir et de vous le rendre favorable, ce
qui est une chose très-facile auprès d'un vieillard indulgent. J'espère, ajouta Tommaso,
que vous reconnaîtrez que Florence est le
plus agréable séjour de l'Italie. Notre maison
vous sera toujours ouverte; mon frère est un

homme d'une loyauté parfaite; et quant à ma belle-sœur, vous voyez vous-même ce qu'elle est. Je me persuade qu'elle restera toujours de même, à moins que la flatterie ne la gâte. »

— « Votre recommandé aurait bien voulu en faire un premier essai. »

Madame, dit Egidio gravement, vous savez... que vous êtes dans l'erreur. »

Il fit la révérence et sortit. Tommaso le reconduisit et lui dit tout bas quand ils furent près de la porte :

« Vous trouverez près de moi tout ce dont vous aurez besoin, entendez-vous bien? et près de nous tous les agrémens que des circonstances contraires, vous ont, au dire de votre ami, forcé d'abandonner dans votre patrie. »

Ce fut ainsi qu'il quitta cette maison et cette femme incomparable, en emportant avec lui l'impression la plus vive de tout ce qu'il avait vu, senti et entendu; ses yeux, ses oreilles et son cœur se demandaient si le tout ensemble n'était pas un songe.

Faut-il s'en étonner ? Il lui était arrivé, mais en sens contraire, ce qui arrive à ceux qui, pour la première fois, assistent à un opéra. Chaque fois que la scène change, leur surprise et leur enchantement augmentent ; mais en sortant ils se demandent, remplis du désir de renouveler leurs sensations, si leur illusion n'a point été une réalité.

FIN DU SECOND VOLUME.